말만 들어도 눈물이 난다

권성묵 시집

문학공원 시선 162

믿음 밭에서 소망을 캐고
사랑의 집을 짓는 남자

말만 들어도 눈물이 난다

권성묵 시집

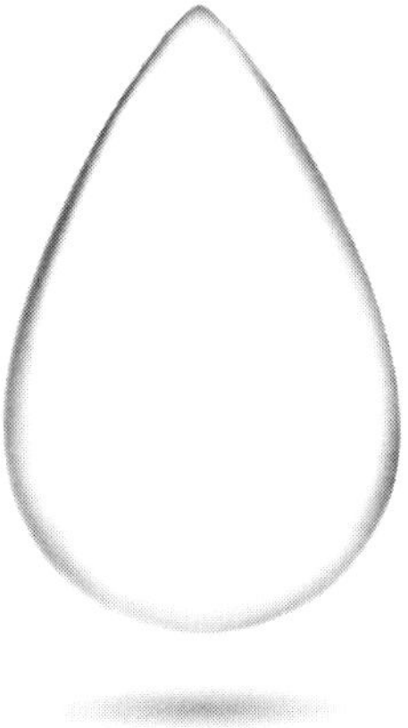

전도
말만 들어도 눈물이 난다
전혀 듣지도 않고
태어남으로 자녀 되었으니
감격의 은혜를 무엇으로
보답할 수 있을까

문학공원

‖ 책머리에 ‖

꿈과 소망을 캐고 싶어

아직은 절실하지 않다.

며칠 밖에 남아있지 않았는데도. 단상에서 외치던 그 메시지를 이젠 다시 서서 전할 수 없을 때. 입이 있어도 맘속에 메시지가 있어도 아니 샘물처럼 흘러나오는 그 분의 간절한 강권함이 있어도 설 수 없을 때, 전할 수 없을 때 숨 막히듯 답답할 것이다.

그때 나는 시를 절실히 찾게 될 것이다. 시는 나의 호흡이 될 것이기 때문이다. 시는 나의 친구가 될 것이기 때문이다. 시는 나의 창문이 될 것이기 때문이다. 시는 나의 입이 될 것이기 때문이다. 시는 나의 옷이 될 것이기 때문이다. 시는 내 삶의 동력動力이 될 것이기 때문이다. 시는 내 삶의 가치가 될 것이기 때문이다. 시는 내 인생을 밝혀주는 등불이 될 것이기 때문이다.

그래서 나는 시가 좋다. 서툴지만 미흡하지만 미숙하지만 거칠지만 모은 게 많아서 한번 시집을 낼 수 있게 된 것이다. 시작하는 시집이니까 다음번에는 이것보다 훨씬 더 향상된 시집을 내고 싶다.

믿음의 밭을 가꾸어서 소망을 캐고 사랑의 집을 짓는 남자가 여기 있다. 어렵게 감추기하고 에둘러서 말하고 낯설기도 하고 너무 줄여서 시가 무슨 뜻인지 모를 시는 쓰지 않기로 했다. 믿음으로 가꾸어 나갈 것이다. 밭에 감추어진 보화를 캐듯 꿈과 소망을 캐고 싶다. 사랑을 자재로 해서 집을 짓고 또 지을 것이다. 세종대왕이 만드신 한글을 해독하면 시도 해독할 수 있도록 말이다.

과찬의 말씀을 담은 추천의 글, 초보자인 저에게는 더 없는 격려의 채찍이다. 귀한 글 써주신 조신권 교수님, 박재천 목사님께 감사의 말씀을 드리고 심혈을 기울여 평설을 써주신 김옥엽 교수님과 책이 되도록 정성을 다 하신 문학공원 김순진 교수님과 담당자들에게도 감사드린다. 끝으로, 창조적인 인내와 기도로 지켜봐 준 사랑하는 아내 김정희 사모와 자녀들에게 고마움을 전한다.

2019년 12월 15일

- 성역 49년을 마치고 희년禧年을 출발하면서

권 성 묵

‖ 추천사 ‖

그의 시의 우물가로 오라

조 신 권 문학평론가

연세대 명예교수 · 청암교회 원로장로

권성묵 목사는 단순한 시인이 아니라 목사 시인입니다. 2019년 10월에 『순수문학』을 통해 등단한 시인으로서 그의 시력은 일천합니다. 그럼에도 불구하고 시무목사 은퇴 기념으로 첫 시집을 이번에 상재하게 된 것은 치하하고 경이를 표할만한 일입니다. 함께 기뻐하고 축하하는 동시에 시적인 전도에 하나님의 시적인 가호와 은총이 넘치기를 기도하는 바입니다. 이 시집에는 80여 편의 시들이 실려 있는데, 이 나뭇가지에는 다산이 말한 대로 진실되고 읽으면 읽을수록 감동을 줄만한 진솔하고 겸허한 신앙체험들이 알알이 무르익은 포도송이처럼 풍성하게 달려있습니다. 그의 시는 일반시인 듯하면서도 면밀히 읽고 세찰해보면 진실에 대한 공감을 주는 영성문학적인 힘이 있음을 금세 알게 됩니다. 한 번 읽어보면 잔잔한 감동과 영적인 유익이 있을 것으로 사료되기에 추천하는 바입니다.

권성묵 목사는 1949년 경북 의성 출생으로서, 서상한 바와 같이, 금년 만 70세로서 목사 은퇴와 함께 원로목사로 추대된, 목회학박사 학위를 취득하고 신학교 학장

직을 역임하고 있는 교육과 학문을 겸비한 학자이기도 합니다. 이 시집이 첫 시집이지만, 신인답지 않게 다양한 기법적인 시도를 기한 시들을 쓴 것만으로도 새롭게 평가하여야 하고 가산점을 받을 만합니다. 일상 속에서 소재를 취하고 신앙적이거나 신학적인 어떤 언어표현이나 이미지를 드러내지는 않았지만 그의 시 속에는 영원과 초월로 향하는 시선이 기능하고 있어서 시에 심원한 맛을 줍니다. 그의 시를 구체적으로 읽으며 깊이 천착하면 영적인 감동을 받을 것으로 확신하기에 추천하는 바입니다.

문인 목사가 아니라 목사 문인으로서 '기독교 정신 사상의 가치관을 담아내는 문학을 추구하였기에 더욱 귀하고 하나님 나라 확장하는 데 일조할 것으로 사료되어 더욱 애정을 가지고 추천하는 바입니다. 그의 시들에는 성경적인 가치관과 세계관 중심의 사상을 담은 시들이 많이 있어서 감동스럽습니다.

폭염은 / 꼬리 내렸지만 / 깊은 밤 안방에는 / 아직도 / 더위 잔재 만만찮다 // 다섯 남편 거쳐도 / 아직도 / 해갈 얻지 못한 / 무더운 수가 성 여인 // 두레박 없어도 / 깊은 우물보다 / 더 깊어도 긷는 생수 / 길어 올릴 성령의 불 // 창문 여는 순간 / 기다린 듯이 / 터진 봇물처럼 / 밀고 들어 올 // 믿음의 두레박 줄 / 첨벙 첨벙 / 내릴 때 / 강 같은 생수 마실 거다

– 「믿음의 두레박」 전문

이 시를 읽으면 독자인 '내'가 다섯 남편 곧 다양한 세속적인 우상을 섬겨온 수가 여인과 동일시되고, 이 우물 저 우물에서 퍼 올린 세상이 주는 물을 마셨어도 해갈 얻지 못하던 '내'가 믿음의 두레박 줄 깊이 내릴 때 터진 봇물처럼 밀고 들어오는 성령의 생명강수를 마실 수 있어서 목마름을 해갈시킬 수가 있게 됩니다. 아주 쉬우면서도 진솔한 이미지와 시적인 언어로 일상적인 체험들을 형상화하고 있습니다. 시는 언어만큼이나 보편적이고 오랜 기원을 갖습니다. 가장 원시적인 사람들도 그걸 사용했고, 가장 문명화 된 사람들도 그걸 세련시키고 교화시켜 향유하고 있습니다. 모든 나라 모든 시대에 있어서 시는 만들어졌고, 모든 환경과 조건이 다른 사람들도 다 같이 열렬히 그걸 읽고 듣습니다. 이를테면, 병사도, 정치인도, 법률가도, 농부도, 의사도, 과학자도, 상인도, 성직자도, 철학자도, 교수도, 왕도, 왕비도 예외 없이 누구나 다 시를 읽고 듣는다는 말입니다. 또한 시에 대해서는 교육을 받은 사람도, 그렇지 못한 사람도, 지성인도, 감성인도, 늙은이도, 젊은이도 공히 관심을 갖는데, 그것은 시들이 갖는 목마름을 해결해 주는 생수가 있기 때문이고 세상 우상을 섬기면서 다친 상처를 치유 받을 수가 있기 때문일 것입니다. 일반시도 좋은 시는 그런 치유적인 기능을 하지만 권성묵 목사 시인이 쓴 것과 같은 믿음의 시들은 그 어떤 것들보다 치유효과를 줍니다. 그러니 누구라도 좋으니 그의 시의 우물가로 와서 시인이 주는 생수를 마시기 바랍니다. 목마름이 가실 것이고, 보편적인 공감과 울림을 얻을 수가 있을 것입니다. 목사 시인인 권성묵 원로목사님을 통해 하나님의 크신 역사와 그의 나라의 확장이 이루어지기를 축원하며 축사에 갈음합니다.

‖ 추천사 ‖

순수한 믿음의 시

산샘 박 재 천(시인 · 목사)

시인 권성묵 목사님은 오랜 세월 목회자로 청암교회를 시무하신 목양의 경험 즉 깊은 믿음의 뿌리를 가지고 계신다. 이는 시인의 시심의 고향이기도 하다. 여러 형제 목회자 가정의 장남으로 더욱 신앙의 명문 가문을 이루고 계신다. 특히 이제 목회 은퇴 후 연이어 시인으로 첫 발을 내디딜 수 있음은 황금 이음줄에 해당된다. 이는 힘으로도, 능으로도 되는 것이 아니다. 또한 그 어떤 종교 행위로 되는 것도 아니다. 오로지 평소 목양시절의 시적 관심과 애정이 깊었기에 가능한 것이다. 본 시집의 여러 작품을 음미해보면 첫 시집의 기쁨을 함께 나누지 않을 수 없다. 다시 한 번 첫 시집을 상재한 권 시인에게 축하의 말씀을 드리며, 권 시인의 시 두 수를 읽어보자.

너는 알고 있겠지

향기 따라 왔다가
만난

첫사랑
다시
향기로
불러오려무나

담도 넘고
바늘귀 같은
생각도 넘어
끝없는 세상에
뽐내는 너의 향기
널리 널리

아아
맘도 오감도 열어
보니
바로 네가
첫 사랑이었구나

— 「라일락」 전문

시인은 라일락꽃을 순수한 시심으로 노래하고 있다. 바로 처음 시 문장에서 "너는 알고 있겠지" 즉 꽃을 의인화하여 대화하듯이 시의 문을 열고 명쾌한 의미 부여를 하고 있다. 시인은 시의 대상을 가까이 더욱 가까이 체감해야 한다. 바로 '너'로 주목하는 것이다. 이처럼 권 시인은 라일락에 주목하고 깊은 관심을 가지고 있다. 시인은 시적 대상에 관심을 가지고 계속 깊이 묵상하고 그 사물의 존재와 향기를 느끼며 찾아내는 것이다.

이 시의 핵심 단어는 첫사랑 향기이다. 라일락의 꽃말이 첫사랑이다. 신앙의 알파와 오메가는 사랑에 있다. 사랑으로 인간을 지으시고, 부르시고, 거두어들이시는 하나님이 곧 사랑이신 것을 권 시인은 잘 파악하고 있는 것이다. 향기는 꽃의 존재이유다. 신앙은 향기를 발해야 한다. 꽃이 향기를 잃으면 소금이 그 맛을 잃은 것처럼 무의미하게 된다. 이 향기는 그 영향권이 넓게 묘사되었다. 담도 넘고 생각도 넘어 끝없는 세상으로 확장해 간다. 바로 신앙의 향기도 그렇게 확장되어 퍼져나가는 것이다. 소박하고 순수한 신앙의 시선으로 읊은 이 시는 권 시인의 향기이기도 한 것이다.

내가 맘 아파하고 좌절하는 순간에도
거기 계셨군요
내가 힘들어 지쳐 쓰러지는 순간에도
거기 계셨군요

내가 감격에 목매어 떨며 노래하는 순간에도
거기 계셨군요
때론 내가 바빠서 찾지 못하는 순간에도
이미 기다리고 계셨군요

주님은 제 뒤에 몰래 오셔서

말없이 보고만 계셨다니 참 부끄럽군요

아-! 그렇군요
주님은 오신 게 아니라
오래 오래 창세전부터 거기에 계셨다지요
미처 몰랐군요

너무 죄송스럽고 너무 황송합니다.
너무 감사합니다.
다만 감격할 따름입니다.

– 「임재」 전문

「임재」라는 시는 권 시인의 자기 고백적 시심에서 샘솟는 듯한 순수 신앙시다. 실상 목회라는 십자가의 고난을 맛보지 않고는 목양을 완성할 수 없다. 하지만 그 고난이 지난 후 주님의 임재와 동행을 깨닫고 감사하게 되는 것이다.

"내가 맘 아파하고 좌절하는 순간에도" 존재하시는 그리스도를 직설적으로 표현한 것은 신앙시로 인생은 연단을 통해 성숙하고 성장한다는 시인의 강인한 시심을 잘 드러낸다. 이어서 시인은 임재의 순간들을 노래하고 있다. 힘들어 지쳐 쓰러지는 순간에도 반대로 감격에 목매어 떨며 노래하는 순간에도 이미 거기 계신 주님을 고백한 것이다. 그리고 오래 전부터 이미 계신 존재의 신앙을

온전히 고백하고 있다. 기독 신앙을 소유한 시인이라면 이처럼 직설적인 신앙 표현을 거침없이 할 수 있어야 한다.

권성묵 시인은 굳건한 믿음의 토양에서 향기로운 꽃을 피우고 있다. 일반 시인의 현란한 기교와 유희에 현혹되지 않고 순금 같은 순수성을 끝까지 견지하여 왕성한 시작 활동을 기대하고 응원한다. 신앙시는 세상을 초월한 고차원적 신앙을 노래하며 애독자로 하여금 시인의 신앙으로 끌어올려지게 하는 것이다.

괴테는 노년에 파우스트를 완성했다. 권 시인은 시작 활동으로 이제 출발선에 서서 새롭게 도약하는 심정과 뜨거운 열정으로 순간순간 시적 재료를 탐색하고, 세분화하며, 승화시켜 아름다운 꽃을 피워 나아가시기를 바란다. 그리고 정서가 메마른 조국의 백성들에게 시편의 다윗처럼 항상 하나님께 소원을 아뢰고, 샘솟는 시심의 노래를 통하여 수많은 독자들에게 감동을 선물하리라 믿어 의심치 않는다. 필자는 시애틀에서 특별한 시적 영감을 받았고 새벽마다 주시는 그 영감을 감격하고 감사한다. 권 시인의 탁월한 시적 내면세계를 시로 형상화하여 시를 통한 통일까지 꿈꾸어본다.

– 산샘 서재에서

차례

2부. 효창공원의 아침

차례

3부. 살며시 살포시

4부. 멀고 먼 나라

1부

일곱 번 일흔 번까지라도

이기리

새벽에
주님 앞에
무릎 꿇은 사람

온종일
세상 앞에
무릎 꿇지 않더라

기도를 말한다

기도는
여는 것

기도는
카트cart

기도는
포기抛棄

기도는
전가轉嫁

기도는
사닥다리

기도는
만남

기도는
눈물

말만 들어도 눈물이 난다

전도
말만 들어도 눈물이 난다
전해 듣지도 않고
태어남으로 자녀 되었으니
감격의 은혜를 무엇으로
보답할 수 있을까

전도
말만 들어도 눈물이 난다
우리 말 우리 글로
생명의 길을 전해도
돌아오는 자가 무수無數하니
그 은혜가 얼마나 큰가

전도
말만 들어도 눈물이 난다
청파 언덕 강호江湖에
남녀노소 싱싱한
물고기 떼가
풀풀 뛰어다니니
얼마나 풍성한 어장漁場인가

전도
말만 들어도 눈물이 난다
성령의 불 가슴에 품으며
추수할 것은 많되
일꾼이 적으니
주여, 일꾼들을 보내 주소서

전도
말만 들어도 눈물이 난다
한 번도 못 들어보고
거센 풍파에 휩쓸려가는
저 형제들
물속에 빠져간다
생명줄 던져라 지금 곧 던지어라

찢겨진 몸이 만든 길

나는 그 길을 걷기로 했습니다
왕의 복장 천국에 걸어놓으시고
머슴처럼 수건으로 허리를 동이시고
세숫대야에 물 떠다가
노예처럼 구푸리고 숙여 만든
교만하여 키 큰 사람 들어갈 수 없고
오만하여 굳은 사람 걸어갈 수 없는
겸손으로 만들어 놓으신 외길
머리 숙여 생명의 길로 걸어가겠습니다

나는 그 길을 걷기로 했습니다
자신의 옷 다 빼앗기고
죄수처럼 붉은 홍포를 입으시고
로마 군병들의 야멸찬 불호령은 뒤에 두고
쇳조각 유리조각 채찍에 쓰러지고
손발로 무릎으로 기어가며 넘어지며
핏방울 땀방울의 비아돌로로사 묵상하며
소망의 길로 걸어가겠습니다

나는 그 길을 걷기로 했습니다
물과 피 남김없이 쏟으시고

망치소리 조롱소리 귓전을 때리는데
이마엔 가시면류관이 눌러 박히고
옆구리엔 군병들의 무자비한 창자국
양 손과 양 발에는 망치소리 드높고
소낙비 같은 핏줄기 뿌려
골고다 도랑에 흥건히 고이고
뜨거운 피 붉은 피로 얼룩진 그 십자가
바라보며, 애통하며
영생의 길로 걸어가겠습니다

그래도 나는 나간다

어젠 볼이 얼어서 내 살이 아닌 것 같았다
손가락이 얼어서 잘 구부러지지도 않았다
이러다가 무슨 변이라도 당하는 것 아닐까
염려도 되는 추위였다

오늘도 어제와 별반 다를 바 없는 기온이다
너무 추워서 오늘은 좀 쉬어볼까
이보전진을 위해서 일보후퇴라고
자위하고 내일하자고 미루면 어떨까

아니야 그럴 수 없어 중단하고 쉴 수 없어
때를 얻든지 못 얻든지 힘쓰라고 하셨어
순종하는 마음으로 다녀오면
평강이 내 마음에 가득 채워진단다

하나님이 좋아하시고 예수님이 명령하시고
성령께서 함께 하시는 이 영광스러운 일
이 보람 있는 사명을 천사들에게가 아니라
나에게 맡기셨어

다른 성도들에게 맡기지 아니하시고

다른 교회 목회자들에게
주지 아니 하시고
오직 나에게만 주신 심부름이야

더운 날에도 나를 충성되이 여기셔서
추운 날에도 나를 신실하게 보시고
생명선 교회를 그냥 지나치는
수많은 사람들을 살리라고 하셨어

양이 이리떼로 들어가도록
내버려두지 아니하시고
불같은 성령으로 임마누엘 되시고
천군천사들로 지원하신다네

양 잡아먹으려는 무자비한 이리떼들은
산채로 사로잡고
거리의 사람들에게는
참된 생명 넣어주라고

길거리 1시간 전도
오늘도 생명의 주님은 나를 밀어내시네

임재臨在

내가 맘 아파하고 좌절하는 순간에도
거기 계셨군요
내가 힘들어 지쳐 쓰러지는 순간에도
거기 계셨군요

내가 감격에 목매어 떨며 노래하는 순간에도
거기 계셨군요
때론 내가 바빠서 찾지 못하는 순간에도
이미 기다리고 계셨군요

주님은 제 뒤에 몰래 오셔서
말없이 보고만 계셨다니 참 부끄럽군요

아-! 그렇군요
주님은 오신 게 아니라
오래 오래 창세전부터 거기에 계셨다지요
미처 몰랐군요

너무 죄송스럽고 너무 황송합니다
너무 감사합니다
다만 감격할 따름입니다

원수 사랑

턱도 없는 소리,
말도 안 되는 소리
다 처벌해야지
다 갚아야 해
단 하나도
성하게 걸어 다니게 해선 안 돼
안 되고 말고

원수가 누구지 어디 있지

말씀의 거울 앞에선
내가 그렇게 생겼다면
거울이 불량일까
내가 불량일까

일곱 번 일흔 번까지라도

센다
하나
둘
셋

다시
하아나
두울
세엣

또다시
하아아나
두우우ㄹ
두우우ㄹ반
세에에에에에에에에에에에에에에에에에에에에에에에
에에에에에에에에에에에에에에에에에에에에에에에에에
에에에에에에에에에에에에에에에에에에에에에에에에에
에에에에에에에에에에에에에에에에에에에에에에에에에
에에에에에에에에에에에에에에에에에에에에에에에에에
에에에에에에에에에에에에에에에에에에에에세에에에에
에에에에에에에에에에에에에에에에에에에에에에에에에

에에에에에에에에엥에에에에에에에에에에에에에에에에
에에에에에에에에에에에에에에에에에에에에에에에에에
에에에에에에에에에에에에에에에ㅔ에에에에에에에에에
에에에에에에에에에에에에에에에에에에에에에에에에에
에에에에에에에에에에에에에에에에에에에에에에에에에
에에에에에에에에에에에에에에에에에에에에에에에에에
에에에에에에에에에에에에세에에에에에에에에에에에에
에에에에에에에에에에엣

일곱 번씩 일흔 번이라도
아-버-지-여
저-들-을- 사-하-소-서-
저-들-이-
알-지- 못-함-이-니-이-다-
아-버-지-여

사랑은 이것이다

사랑은 들어주는 것이다
사랑은 끄덕이는 것이다

사랑은 따라가는 것이다
사랑은 내어주는 것이다

사랑은 양보하는 것이다
사랑은 배려하는 것이다

사랑은 침묵하는 것이다
사랑은 인내하는 것이다

사랑은 마주보는 것이다
사랑은 확인하는 것이다

사랑은 명상하는 것이다
사랑은 떠올리는 것이다

사랑은 비우는 것이다
사랑은 낮추는 것이다

사랑은 손을 잡고 함께 간다
사랑은 마음 합해 뜻 모은다

사랑은 과거를 잊고 용서한다
사랑은 미래를 향해 나아간다

사랑은 타인중심 생각한다
사랑은 자기중심 돌아선다

사랑은 빛을 따라 일어난다
사랑은 소금처럼 녹아진다

사랑은 메마른 소설을 쓰지 않는다
사랑은 신선하고 감각 있는 시를 쓴다

강단 휘장을 바라보며

수십 수백만의 대군 같은
들꽃들이여
파죽지세로 무자비하게 짓밟는
점령군이 아니라
화사한 꽃의 말을 가지고
내면세계에 들어가려무나

저기 앉아있는 성도들
대군大軍 같은 꽃의 위력으로
불안과 우울을 몰아내고

공기처럼 가득 찬 꽃향기가
무제한으로 지배하는
복음 세상 되게 하소서

다 끝난 줄 알았습니다

맘이 너무 상하고 아팠습니다
일만 달란트 용서 받았기 때문에
나는 의당히 용서해야 했습니다
단상에서 용서를 외칩니다
이율배반자 안되고 싶어서 호쾌하게
다 용서했습니다

그러나 문득 문득
심저心底에 갈아 앉은 것
진수성찬이 아니라 비린내 나는 원망과 불평이
더 많았습니다

역류성의 억울함이
내 안을 쓰라리게 합니다
소화되지 못한 독가스
지금도 다시 떠오릅니다

주님
백 데나리온 탕감은
언제 해야 할까요
어떻게 해야 할까요

아직 소망이 있습니다

무릎 꿇는 이들 얼굴 못 들고
감사함으로 주님을 뵈옵니다

무릎 꿇는 이들 멈출 줄 모르는
고백의 눈물로 허물을 씻습니다

무릎 꿇는 이들 탄식하므로
영혼의 응어리를 풉니다

무릎 꿇는 이들 보다듬어
조각난 제목들을 올립니다

무릎 꿇는 이들
사면초가四面楚歌 위기의 나라
정치가들의 각성을 주님께 맡깁니다

마침내 다 받으시고
이 땅에 응답으로 펼치실
눈부시게 영광스러운
하나님의 나라를 봅니다

열린 문

그 문에 달린 문고리는
어떻게 생겼을까

무릎 꿇는 이들에게 열어주시는 하늘 문
고독과 불안의 하늘 아래
벧엘에서 돌베개 벤 야곱은
홀로 열린 문 사닥다리를 보았습니다.

복음 전하다가 희생 제물된 스데반
열린 문 보좌 응원하시는 주님을
보았습니다

주여
이 시간 하늘 문을 열어주소서
보고 들을 수 없는 그분의 음성을
보고 듣게 하소서

그리고
감히 만질 수 없는 그분의 옷자락이라도
만져보게 하소서

사명자의 길

처음부터 성공이라는
희망도 단어도 없었다

그분 걸어가신 길
처음부터
꽃길이 아니었으니까

열린 길은 좁은 길
여는 문은 좁은 문
콧노래 부르는
여흥의 길도 아니었다
오만스레 고추 세울
자존自尊의 길도 아니었다.

살의殺意 담은 맹수의 탁음濁音
간헐적으로 천지는 진동하고

검은 독수리 높은 곳 선회하고
땅 아랜 분주한 도망자들

나는 자원자가 아닙니다

내가 나선 길이 아닙니다

그분의 선택이니 따르는 것이지요
그분의 뜻이라니 나선 것이지요

거기에 새 생명이 태어나고
거기에 사랑 열매 달려지고
거기에 새로운 나라가 건설된다니

섬뜩한 그곳으로
돌아서지 않고 가렵니다
눈물 양식 먹고라도

십자가 명암

아둔하고 어리석은 십자가
듣기도 보기도 싫어하지만
혐오스럽고 미워하는 십자가
관심도 없고 끌리지도 않지만
거칠고 무거운 십자가
꺼리고 보기도 원치 않지만

그러나 그 십자가가 구원의 길
열어놓으셨습니다
그러나 그 십자가가 화해의 길
열어 놓으셨습니다
그러나 그 십자가가 복락福樂의 길
열어 놓으셨습니다

갈보리 거친 언덕 위에
멸시 천대 받은 험한 십자가가

영永 죽어야 할 나를
사망의 골짜기에서 건져 올리셨습니다
다시 영永,
영永

그가 다 하셨다

- 총신대 신대원 71회 마흔 번째 동기회를 마치고

염려 근심의 구름 다 걷어내시고
티 없이 파아란 하늘 열어놓으셨네

반가움 담았지만 처진 눈망울들
여기 다 모였네

가을 들판에 고개 숙인 벼이삭처럼
중후한 인격과 충실한 사역의 열매
무릎 꿇은 인고忍苦의 결과라

제각기 울긋불긋
감성도 모습도 다 다르지만
66권 말씀이 1권이듯이
67명은 우연이 아니라네

빨강 노랑 채색 옷 입힌 산
등산은 못했지만 그것도 그분이 만드셨다네

나의 나 된 것은 그분의 은혜
현역도 은퇴도 그 나라의 일군들
선한 싸움 마치면 그가 씌울 면류관이 기다린다네

천하에 기념할 여인으로

집안 일 뒤에 두고
분주한 몸 파김치되어도
그 자릴 떠날 수 없어

역사 깊은 몸 된 교회
튼튼한 불변의 기둥같이
주변 세프 많이 보여도
내 일같이 땀 흘리는
우리 교회 마리아

폭염 속에 장인 같이 불이랑 씨름하고
내 새끼 먹이듯이 정성이 뚝뚝
섬기는 식탁 마다 수련회생 몰려드니
레전드 세프 따로 있나

흐뭇하게 내려다보시는
그분
잡순 듯이 은근히 미소 짓고
그 정성과 땀 모아모아
면류관 만들고 계실 걸

목자의 심정

금이야 옥이야 키운 고명딸 시집가던 날
돌아서서 눈물 훔치던 친정아버지의 모습을
누가 보셨나요

끝내 등 돌리고 떠나던 성도의 뒷모습
쓰라린 가슴 쓸어내리는 목자는 배신당한 자처럼
야속하고 야속하구나

나도 떠나고 싶다 당한 자의 심정을 겪어 보거라
뒤돌아보지 않을 거다

뭣 때문인지 몰라도 배신자의 옷자락
구차하게 붙잡고 싶지 않으니
다시 권면 심방 발길 옮겨지지 않는다
주님, 그의 마음을 돌이켜 주소서

갈기갈기 찢겨진 종의 마음
보고 계십니까 알고 계십니까

이것이 양을 치는 목자의
마지막 다 썩은 심정입니다

믿을 수 없는 믿음

그게 가진 믿음이었더냐

때론 헌신짝처럼 내팽개치고
뒤 돌아보지 않을 만큼 비열하고

때론 도깨비방망이로 여기고
하늘까지 멋대로 오르려고 하듯 교만하고

때론 그분의 선물이라며
금 나와라 '뚝딱'으로 천국을 사고팔고

때론 청소차에 실린
터진 봉투 쓰레기 같이
캄캄한 지옥으로 그렇게
급히 추락할 수 있느냐

아침 안개 같이 쉬 사라지고
아침 구름 같이 쉬 흩어지다니

그게 가진 믿음이었더냐

시원한 성령의 불

폭염은 꼬리 내렸지만
깊은 밤 안방에는
아직도 더위 잔재 만만찮다

다섯 남편 거쳐도
아직도 해갈 얻지 못한 무더운 수가성城 여인

두레박 없어도
깊은 우물보다 더 깊어도 긷는 생수
길어 올릴 성령의 불

창문 여는 순간 기다린 듯이
터진 봇물처럼 밀고 들어올
믿음의 두레박줄
첨벙 벙 내릴 때
강 같은 생수 마실 거다

믿음 밭에서 소망을
건져 올릴 거다

아내의 고백告白

감기는 눈 다시 뜨고
여명처럼 소리치는 수탉 알람alarm은
수줍고 차가운 새벽 침묵을 깨운다

초록향 아침에 느끼는 주님의 임재
부르는 찬송은 내 영혼의 감격
들려오는 말씀은 하늘로부터 내려진 꿀 송이 만나
인고忍苦의 마음으로 기다리는 주님 앞에
뜨거운 눈물과 소리 없는 간구는
이미 벅찬 하루를 열었네

아빠 아버지 부르짖는 구원의 외침에
생명은 씨앗처럼 심겨지고
만남의 감격은 하루 삶을 견인하는 능력이 되고
감사에 감사를 곱해도 그 깊이를 다 헤아릴 수 없네

몸 안에 있는지 몸 밖에 있는지
기도의 신비는 끝없이 이어지는 감격이라
꿇어 엎딘 자리는 행복을 자아올리는 두레박 샘물
켜켜이 쌓여지는 간구와 부르짖음
결재 데스크에 남은 온기는 주님이 만지시는 손길

순간순간 주님의 뜻이 나의 길 되고
걱정의 태산은 바위처럼 무너지고
두려움과 조신함은
깨질 듯 깨지지 않은 살얼음판 같지만
실수 없으신 섭리의 가도街道
안정과 담대함으로 길 이루었네

걸음마다 손잡고 나선 길
하루를 이루고 한 주간을 이루고
한 달을 이루고 또 한 해를 이루더니
어언 형체 감춘 육십 성상 탑 견고하게 쌓여졌네
주 없으면 한순간도 물거품
주 함께 하면 일생도 감격의 설레임이라

전사戰士 닮은 낙타 무릎
그 무릎 꿇을 때마다 환도 뼈 상한 야곱처럼
중단 없는 고통의 허리였지만
여호와 라파의 손길이 만져주셨네

달려갈 길 다할 때까지 날 잡으신 주님 손
내 힘 되신 주님 허리 부여잡고
나는 달려가리라

아내의 직업

이른 새벽에 출근하는
아내의 직업은
눈물 마를 날 없이
수백 수천 성도들 애간장에서
뽑아 올린 뜨거운 액체를
주님 앞에 자기의 눈물로 바꾸는 울보

이른 새벽에 출근하는
아내의 직업은
어깨 누르는 무게로
디스크 허리 만들면서
시지프스 짐 진 성도들 대신해서
아버지 앞에 옮겨놓느라고
쉼 없이 짐을 지는 포터porter

이른 새벽에 출근하는
아내의 직업은
나라 사랑 나라 염려
눈 감고 쉴 새 없는 난제들을
재판장 앞에 안고 와서
십자가의 보혈로 중보하는
작은 제사장

이른 새벽에 출근하는
사랑하는 아내의 직업은
다윗의 좁은 길 가는 목자
여호와의 집에 심긴 나무 같은 아들
아름답게 다듬은 모퉁이 돌 같은 딸들
새싹으로 자라나는 손주들
그들 위해
하루도 빠짐없이
밀알처럼 죽는 기도의 어머니

아내가 출근하지 않는다면
내 가정 우리 교회 우리나라는
어떻게 되었을까

아, 그렇구나

눈 감아야 열리는 세계를
보셨나요
귀 있는 자에게 들려오는 소리를
들으셨나요

능하신 손아래
비하卑下의 땅에서 심어진
승귀昇貴의 열매를
얻는다는
역설逆說
들으셨나요

자기를 부인해야
따라갈 수 있는 제자의 도
구레네 시몬이 아니라
바로
내가 져야한다는 것을
들으셨나요

2부

효창공원의 아침

라일락

너는 알고 있겠지

향기 따라 왔다가
만난
첫사랑
다시
향기로
오려무나

담도 넘어
바늘 귀 같은
생각도 넘어
끝없는 세상에
뽐내는 너의 향기
널리널리

아아
맘도 오감도
열고 보니
바로 네가

첫 사랑이었구나!

태양의 하루

동녘 누리에
붉게 태어난 여명黎明
거친 조개 층 물빛으로 옷 입고
근육질 젊은이로 자라간다

정오에 다다른 정점 하늘
벌어진 어깨처럼 그득하게
넓고 맑은 젊음을 뽐내더니

저녁을 연출하는 노을은
아름다운 핏빛 다 쓰고

고요하지만 숨 가쁘게
사명 다하고

열심히 열심히
떠나간다

열심히 열심히

차를 멈추고

남이 가지 않는 길을 가는 이유가 있다
비탈진 골목 길
담장너머 마당에는
길손들이 봐주지 않는 목련 꽃이
자축의 향연을 펼치고 있지만
담장 높이에 갇힌 듯 찾는 이가 없다

풍성하게 달린 열매 같은
두툼한 송이 꽃 만드느라고
마르고 진액 다 빠진 새까만 가지들
멀거니 하늘 높은 줄 모르고
위로 또 위로 올라갔네

위치를 옮겨 잡아 봐도
목련 자태를 담을
각도가 나오지 않는다

한恨으로 까맣게 타들어간
할머니의 거친 손으로 빚던
희멀건 손수제비같이 생긴
목련

감량 없는 두툼한 무게 땜에
너는 중도에 낙화가 되었겠지

하나 둘 하야하는 꽃잎
나 또한 너의 남은 날과
나의 날을 계수해본다

광릉내 수목원 길에서

여길 그렇게 오고 싶었다
올 때마다 반기는 수목들은
옛 친구들처럼
호들갑을 떨지는 않았지만

그 어간 키들이 부쩍 자랐구나
길 지나는 연도에 나무들은 손을 흔들어
낯선 길손들을 맞아주었다

여기까지 비보가 들리지 않았니
서울거리에 순진한 가로수
팔처럼 뻗어있던 큰 가지, 작은 가지 다 잘렸는데

기계톱 신고 다니는 점령군
소름끼치는 굉음소리 내면서
도망도 못 치는 나무들을 마구 헤쳤다

여기서 그리 멀지 않은데
광릉 내 수목원은
어린이 놀이터같이 참 평화롭구나

효창공원의 아침

참새 한 마리가 내려앉았다
폴짝 폴짝 쪼르르
아침식사가 급한가 보다
뒤도 돌아보지 않고 쉴 새 없이 쪼아댄다

참새가 포르릉 날아갔다
금세 다시 날아왔다
깡충깡충 쉴 새 없이
못다 먹은 먹이 쪼아대고 찍어댄다

참새는 공원 넓은 땅을
식탁으로 여기는 모양
길쌈도 없이 수고도 없이
차려진 먹이를 얼른 삼킨다

하늘에 계신 우리 아버지가
다들 잠든 간밤에
참새 아침식사를 차리셨나

단별 친구

약속하지 않고 찾아가도 당황하지 않고
일어서서 나를 반긴다
약속이나 한 듯 한 그루도 앉아있지 않고
다 일어서서 반긴다

키 큰 나무 키 작은 나무
가지 많은 나무 가지 적은 나무
언제나 푸르름의 마음으로 사니
늘 평화롭구나

불평도 싫증도 없이 맨 날
녹색 유니폼 하나로 만족하다니

이젠, 키만큼
뿌리를 든든하게 내렸으니
많이도 성숙했구나

키만 좀 더 크면 더 넓은 세상
더 멀리도 볼 수 있으니까

먼 길 떠난
나, 그리도 보고 싶어
뒷발 세우듯 자라고 있었구나

너는 은행나무

매연 심한 거리에서 온갖 공해 마시고
산소를 만들어내는 너는

봄이면 새싹 눈 틔어
고목 죽은 자리에서도
질긴 생명력을 보여주는 너는

여름이면 아름다운 자태로
회색도시를 감성으로 채색하는 너는

노란색 물들이는 가을이면
고얀 냄새 풍기지만
자약自若하게 영글어서
도시민의 숨결 맑게 하는 너는

친구 따라 숲속으로 들어가지 아니하고
고달프고 고독하게 남아
사명 다하는 너는

우리 동네 지키는 수호자守護者
우리 도시 살리는 치료자治療者

때늦은 은행나무 잎

너 몇 계절이나 높이서 권세 부릴 때
다 네 발아래 두고
거드름 피우면서 몹쓸 냄새도 풍겼지

살랑살랑 꼬리치며 함께 가자는
바람의 유혹에도 요동치 않고
이겨 내더니

입동 한파 뼛속 깊이 파고들어도
떨지 아니하고 이 악다물고 버티어
참아내더니

이윽고 그분의 섭리 따라
겨울비를 눈물처럼
쏟아 놓더니
너의 다감성多感性은
송두리째 무너지고 말았구나

높은 자리에서의 추락은
아픔이 더 크고 슬프겠지

자동차가 짓뭉기고
인간들이 짓밟고
동네 개들도 밟고 지나가니

마지막 떨어지던
이파리가 한 말
잡은 손 언제까지냐

저울에 올려진 너의 시대는
'메네 메네 데겔 우바르신'*

* 바벨론 최후의 왕 벨사살이 하나님의 공의公義의 저울에 달려 무게를 측량해보니 부족하여 그의 나라가 둘로 쪼개지고 그는 종말을 맞는다는 의미구약 다니엘 5장

가끔은 은행나무

너는 내 추억의 시계를 돌려놓았어
감꽃 줍듯이 기어가며 책갈피에 넣을
더 노란 색 이파리
더 아름다운 이파리
거위처럼 허리 구부리고
보석 찾듯 눈 반짝이게 했지

너는 내 추억의 시계를
보병학교 유격장으로 돌려놓았어
여명도 오기 전 유격 행군에 내 몰리던 날
화순군 동북면 8월 뙤약볕 아래
산골 할머니의 고무대야 물
독사눈 조교 몰래 마시게 한 너는
맹물을 진 꿀로 만들어주었어

그렇지만 너는 내 추억의 시계를
혼란 속으로 흔들어놓았어

네 별명은 오리발
생뚱맞은 이름은 숨길 수 없는 작명가의 실수
네 꽃말은 정숙靜淑이지만

열매 냄새 지독함은
다홍치마 폭에도 다 싸이지 않는다

너처럼
이 세상에는 초라하고 품격에 맞지 않는
명예에 맞지 않는 이름
몸에 맞지 않는 자리들

그래도
선망의 귀한 자리 차지한
하로동선夏爐冬扇 같은 사람
참 많다네

개나리꽃

여기저기서 너 봤다는 소문 파다頗多했지만
우리 동네에는 네 자태 뜨이지 않았어

길 가면서도 실없이 남의 집 담장축대
힐끔힐끔 쳐다보고 찾는 게 버릇되더니

드디어 너를 발견했어
생각지도 않은 곳 녹사평역 옆 부대 둑
허기진 실 같은 줄기에 매달린 너

저게 개나리 맞아 개나리 맞지
부대 안은 바다 건너온 기름진 음식으로 풍성한데
노오란 너의 얼굴 초췌하고 야위었구나

그 옛날 보릿고개 헐떡이며 농사를 일구어내던
당숙 아저씨의 얼굴 같구나

너도 연약한 그 몸으로
동장군冬將軍과 시나브로 힘겨루기에서
기세 꺾고 몰아내었구나
애처롭지만
장하구나

홍매화

미세먼지와 씨름하는 사이
너는 봄의 전령으로
언 땅 녹이면서 찾아왔구나

불붙은 얼굴 네 모습은
그해 봄날 시집가던
누이의 그 홍조 띈 모습이구나

회색 도시에서
누이처럼 반갑게 만났지만
짧은 팔 닿지 않는 아쉬운 꿈이었네

완연한 봄 사랑을 싣고 와도
벌 나비는 찾아오지 않고
나그네의 카메라가 먼저 오는구나

너를 바라보면 바라볼수록
먹구름 같던 내 맘속엔

피보다 강한
붉은 십자가의 사랑이
흥건히 흐르고 있네

민들레

많은 사람들이 지나다니면서
쳐다보지도 않는 길가
납작하게 엎드려있는 꽃
정원도 텃밭도 자투리땅도 아닌
돌로 깔아놓은 보도블록 틈새
위험을 무릅쓰고 노오란 얼굴 내밀었네

가던 길을 멈추고 그 앞에 앉았네
눈을 뗄 수가 없구나
요모조모 앙증스레 귀여운 꽃잎들

엄동설한 참아내고 제철이 왔지만
설 자리가 없어서 이곳에 앉으셨나

개구쟁이들의 발도 무섭고
어느 자동차가 깔아뭉갤지 몰라
그러나 여긴 네가 자리 잡은 너의 분토

이 계절 지나기 전에
앉아서 나지막이
봄이 왔다고 소식 전하는
유유자적悠悠自適 민들레

꺽다리 무명초

폭염하고 실랑이 벌이는 동안
베란다 밖 눈곱만한 자리에
무명초는 소리 없이 자라났다

하늘하늘 쓰러질 듯 쓰러지지 않는
야들야들 꺾어질 듯 꺾어지지 않는
질긴 생의 뚝심이구나

한 눈 판 사이 장대 같이 키 벋어가니
건물훼손이라며 뽑으라는 관리사무소
뽑을 수 없는 안전한 자리

실낱같이 애처로운
무명 들풀이지만
그분이 보장했나 보다

배려 여유

새 잎 난 후 꽃이 피는 게
맞는 이치인데
꽃피고 새 잎 나는 걸 보면
맨날 "난 게안타 어여 먹어라"
배부르다고 양보하시다
남긴 밥에 숟가락 올리며 웃으시던
울 엄마 생각난다

핀 꽃 열흘 못 간다지만
개화開花의 기회 양보하면서도
단풍되고 낙엽되어 질 때까지
나무를 지키면서
안마당을 떠나지 않는다

꽃들의 가지각색
상춘객賞春客들의 칭찬 감탄
한 몸에 다 받아도
소산所産이 받는 것이니
시기하지 아니하고

화려함 없어 시선 받지 못하고
향기 없어 봉접蜂蝶 찾지 않아도
연약해 뵈는 가지와
하늘거리는 이파리

여유롭게
최후에 웃는 자로 남으니
너는 안마당의
든든한 주인이구나

관악산을 바라보며

몇 킬로미터나 될까

남향한 창문을 열고
도심을 가로질러
관악산을 바라본다

빌딩과 빌딩 사이로
멀리 뵈는 산
언제나 거기 있구나

선명한 산山 형태
희미한 산山 윤곽
뿌연 하늘로 끝날 때

공기 청정도가 보인다

시계視界 제로zero
영적인 청정도淸淨度
결코 스모그를 제거할 것이다

먼저 내 동공洞空 덮은
탐욕과 거짓을 걷어낸다면

오뉴월 오가는데

봄의 향연은 끝이 났나봐

눈을 들어 바라 뵈는 곳 잎잎이 다 자리 잡고
친절한 오월의 태양이 온 누리와 속삭이는 동안
잎몸, 잎자루, 턱잎
부지런한 광합성光合成으로 영역을 넓혔네

터줏대감 춘곤春困
삶의 피로로 주위를 서성이는 동안
이미 피곤한 만물은 새록새록
활기찬 젊음으로 깨우고 일으켰네

봄날의 꽃분 내음 하늘 끝까지 몰아내니
욕망과 더러움, 교만과 거역의 옛사람도 사라지고
흐리고 탁한 흐름은 청록의 강이 되어 흐르누나

어디를 봐도 온 천지는 우군右軍처럼
자리 잡은 창창한 녹음

온 누리엔
날뛰듯 만물이 춤을 추누나
청청한 생명의 기운으로

외줄타기

베란다 난간 밖 누가 찾아왔나봐
아슬아슬 외줄타기

디딜 발판 하나 없는 뿌리 내릴 흙도 없는
뫄줄 이도 없는데 무슨 묘기로 서 있는지

쑥쑥 크는 신록의 계절
난간보다 높아 덩굴손 안전망도 없이
하늘하늘 한들한들

생명의 발아력
생명의 생장력

날릴 듯 날리지 않은
떨어질 듯 떨어지지 않는 3층 베란다
바위산 염소보다 더 높은 안락한 보금자리

고소공포 위험 무릅 쓴 고귀한 생명
외경심 자아낸 화초 한 그루

장하다, 생명의 모험이어라

좋은 씨를 심었습니다

고르고 골라서 심었습니다
기도의 눈물로 땅을 적시고
싹 나고 열매 맺으면
큰 영광 돌리려 했습니다

싹은 나지 않았습니다
자갈돌 밑에 이름 모를 싹들이
이랑 고랑 벗어나서 억센 싹이 흙을 깨고
돌을 밀어붙이고 나왔습니다

가라지가 나왔습니다
쓴 뿌리가 나왔습니다
결코 심지 않았습니다
곡식보다 더 강하고 더 튼튼한 가지에
조소의 꽃을 피웠습니다
불평의 열매를 달았습니다

무릎으로 엎드릴 때마다
보이지 않는 잡초의 홑씨를 발견하고
영안靈眼을 떠
날려버리라고
주신 사명이었군요

찐 감자

씨눈이 땅 속에서는 생명의 주인인데
땅위에 올라와서 그 많은 눈으로
무얼 봤다고는 아니하겠지

몇 번이나 찔렸니
뜨거운 불 솥에서 잘 참고 견뎠구나

푸슬푸슬 껍질을 벗기면
은은하게 찾아오는
구수한 맛

그렇게 부드러운 걸
찔러서 맛을 보는
통감자

진정한 인생의 맛
쪼개지 않고도
찌르지 않고도
쉽사리 알 수 없을까

비가 오고 있습니다

비가 오고 있습니다
갑자기 먹구름 신호 보내더니

석 달 열흘 내리는 고우苦雨가 아니라
다정한 손님보다 더 반가운
감우甘雨가 오고 있습니다

말은 궂은비라 하지만 표정은 밝아졌습니다

그 동안도 비는 왔습니다
무우霧雨, 는개, 이슬비, 가랑비 다 다녀갔지만
습한 마음 들게 하고 기분도 끈적거렸습니다

이젠 이 나라에도 먹구름 다 걷어치우고
장대 같은 시원한 물 폭탄
억수같이 내렸으면 좋겠습니다

산야에 춤추는 초목草木 같이
광화문 광장에서
시원한 춤이라도 실컷 추고 싶습니다

그렇게 눈이 온다

거대한 터빈 같은 눈보라가 달려오고 있다
달리는 자동차 앞쪽으로
끝없는 제파諸波 공격으로
비행하여 낙하함이 불나방 모여드는 것 같다

이곳저곳 하늘에 대기하던 친구들을 다 끌어 모아
SOS 받은 119처럼 급하고 신속하게

모양은 부서지고
차가움의 속성은 따뜻함으로 소멸되어
사명을 다하고 있다

부딪히는 순간마다
떨어지는 순간마다
녹아지는 물방울인 것을

겨울 대지의 목마름을
그렇게 해갈하고
겨울 생물의 목마름을
그렇게 해소하는구나

그렇게 빨리 하루가

어찌나 빨리 지나가는지

새벽기도 마치고 운동하고
아침 먹고 출근하면
거의 반나절이 흘러가는구나
책상에서 책을 읽다보면 시간의 속도감을 느낀다
성경과 각종 책과의 씨름은 시간을 잡아먹는 하마

어느 사이 시침 분침이 일직선상에 이르면
하루 폭염도 저물어간다

이제야
창조의 시간
명상의 시간
작업의 시간
컴퓨터 앞에서 열어간다

시간아
조금만 더 여유를 가지고
뒤를 돌아보기도 하면서
쉬엄쉬엄 걸어갈 수 없을까

나는 돌을 좋아한다

나는 그냥 돌을 좋아한다

손에 돌이 들려 있으면 늘 든든하다
개 사나운 집 앞 지나갈 때도
한적한 산골길 지나갈 때도
캄캄한 밤 화장실 다녀올 때도

손에 돌이 들려 있으면 늘 든든하다
놀이 구슬을 만들고
못에서 수제비 따 먹고
나뭇가지 참새도 잡고

손에 돌이 들려 있으면 늘 든든하다
길가다가 멀리 던져 힘 재보고
산에서 나무 맞히기도 재미있고
숲속에서 던진 돌 맞히기도 하고

그 돌은 수석이 아니고 괴석도 아니다
시골에서 태어나 생긴 모습 그대로
석공들의 정을 맞지 않은 순수한 돌

시골 향한 창문 열어 귀향시키고
어린 시절 추억의 창문 열어준다

오늘 아침에도 자연을 대표해서
내 책상 위에 한가하게 자리 잡고
할 말은 별로 없어도 얼쩡얼쩡

차갑고 단단한 질감 그대로 변함없이
내 인생에 가장 든든한 죽마고우

왔다가 그냥 가면서

어깨 겨루면서 함께 숙련된 병사들처럼
달려와서 처얼썩 찧고
요란하게 돌아서는구나

손에 손 붙잡고 힘 있게
어디서 그런 힘 생겼는지 먼 길 달려온 듯
흰 거품 물고도 반환점 돌아서서 달려가는구나

지켜보던 산바람 참다못해
산더미 같은 파도 때리니
보석처럼 부서져 흩날리는구나

왜 왔다가 그렇게 가는지
순간도 중단 없이 다시 갈 거면서
요란하게도 떠나는구나

이름 모를 바다
어디가 네 고향인지
처음 만났지만 떠남이 아쉬움인데
만날 기약 없이 멀어져가는구나

파도

높은 데서 낮은 데로 흐르는 게 물의 생리라면
낮은 데서 높은 데로 끈질기게 올라가려고
온 세상을 시끄럽게 만드는 너는 누구냐

물 흐르듯이가 아니라 물의 힘으로
앞길에 세워져있는 건 간과看過하지 아니하고
쉼 없이 덤비고 끝내 쓰러뜨리려는
바다의 무법자無法者
너의 강포와 파괴에 눈물짓는 사람이
그 얼만지 아느냐

바다 속은 마지막 유배지
전복, 익사, 좌초, 해일

해운대 동백섬 바위엔
고기잡이 나간 남편 기다리다 굳어진 망부석望夫石
키 넘는 파도가 덮칠 때마다 혹 남편소식 묻어올까
오늘도 세찬 파도 다 맞는데
언제 희소식 듣고 오려나

지금, 공감共感 없는 해명海鳴에 귀만 세운다

멈추지 않는 물결

세찬 소리와 함께
몰려왔다가
다시 물러가는 너

다시 소리 내며
몰려왔다가 물러가면서도
포기하지 않는구나

어제도 오늘도
몰려왔다가
오르지 못하면서도
다시 찾아오는구나

제파諸波
너는 언제
해변 둑을 넘을 순 있니
포기 없는 너의 끈질김이 무섭구나

3부

살며시 살포시

속상해하지 마

억울하고 섭섭한 말
들었을 때
참
많이 아프고
속상하겠지

그래도
세상일은
다
해명할 수
있는 게 아니거든

이젠
구정물처럼
하수구로
다
흘러보내려무나

구정물은
영영
흘러가는 거란다

오늘 하루

자유로를 달리고 싶다
교장님 이마같이 넓은 길

태백부터 달려온 강물도 지난날 다 잊어버리고
희망의 대해大海 바라보며 쉼 없이 달리듯
분단시대의 녹슨 철조망이 애잔하게 남아서
희미해진 선을 지키고 있는데
장엄하게 서 있는 강변 마천루
한강 임진강 넘고 주체사상 이념理念을 넘어
더 나은 경제 더 나은 자유를
보란듯이 알리고 있다

자유로를 달리고 싶다 북녘을 향해
구름 한 점 없는 두툼하고 파아랗고 큰 길
악으로 거짓으로 오염된 북녘을 깨끗이 씻으라고
냉전 갈등 배기가스와 함께 흘려보내고 싶다

자유로 휴게소에서 자유롭게 마사는
카라멜 마끼야또
오늘 받은 이 벅찬 하루에
새로운 희망을 꿈꾸고 싶다

기다려야지

창호지 문 몸부림치듯 두드리고
문풍지 울리던 지난밤 심술 바람
아이는 눈 비비면서 달려간다
허겁지겁 감꽃을 줍는다
잘 견뎠다고 천사가 내린 목걸이 걸고 춤춘다

유달리 좋아하던 빗소리
젊은이는 후두둑후두둑 쫑긋쫑긋 발자국소리
비 좋아하는 사람은 사랑한다며 기다린다
아프로디테Aprodite를

나무는 큰 나무 덕을 못 봐도
사람은 큰사람의 은혜로 잔뼈가 굵어간다

중년中年의 인생과 중년重年의 짐
맡아주시는 은혜를 또 기다린다

이제 넉넉한 보람과 익은 열매 누리는 노년
생명수 강 언덕을 바라보며
피안彼岸의 언덕에 떠오를 마라나타Marana tha
그 여명黎明을 기다려야지

쓰고 싶다

민들레 홀씨 같은 꿈과 사랑의 씨앗
더 멀리 날아가기 전에 갈퀴로 긁어모아
글밭 이루어 파란 싹 틔우고 싶다

독버섯 사상思想
앞 보이지 않는 숨 막히는 잿빛도시
푸르청청한 시와 하늘 빛 바람으로
뿌리고 싶다

강단에서의 외침은 썰물 때를 바라보고
회중석 가득 메운 평신도의 언어
낙조落照의 메시지를 쓰고 싶다
죽었으나 멈추지 않는 아벨의 소리

못다 쓰고 간 필객들의 제재題材
열지 못한 창작의 칩chip 열어
아직도 다 분출하지 못한 용암처럼
내 속에서 끓고 있는 생명의 로고스

흘러 보내고 싶다

나를 우울하게 하는 것들

밤 세운 총력 공부
뜬 눈 앞에 펼쳐진 칠흑 같은 깨알
초면의 얼굴들만 올라와서
과락科落하고 말았을 때

아침 밥 먹지도 못한 채
남은 용돈 다 털어
택시 타고 달려왔는데
교수님 결강缺講했을 때

화재난 이재민
울부짖고 있을 때
보이스피싱 친절하게
다
털어갔을 때

생각하고 생각하며
조심스레 쓴 시詩에
영양 불량 실속 없는
고추 같은 합평合評당했을 때

두려움의 수면내시경
시체처럼 누워 있는 사나이
속 들여다보던 의료진들
잡담으로 지껄이고
욕하고 있을 때

일평생一平生 다 바친
직장에서 옷 벗으면서
마지막 받은 퇴직금
동업자금同業資金으로
날려버렸을 때

사람 자금 총 동원한
인생 선거판에서
밤새 승리하던 개표가
이른 새벽 뒤집어졌을 때

먹구름 같은 우울 걷어버리시고
크신 팔 벌려 기다리시는 그분
그분을 향해 달려가시도록…

살며시 살포시

누구세요
어서 오세요
아무도 대답 없네

누구세요
어서 오세요
아무도 보이지 않네

누구세요
어서 오세요

아…! 당신은 보이지 않는 손님

소리 없이 왔다가
흔적 없이 가는 바람

독감도 간염도
그렇게 왔다가 가면
얼마나 좋을까

사금파리

손톱이 새카매지도록
흙 무릎 너덜너덜 해지도록
땅 빼앗아먹기 참 재미있었지

심술꾸러기 땅거미가
경계선境界線을 다 지울 때까지

그 친구들 어디 갔는지 어디 살고 있는지
보이지 않고 알 수도 없지만
지금도 땅뺏기하고 있겠지

논 더 넓게 차지하고 밭뙈기도 더 많이
밭두렁 넘어서 논두렁 넘어서

탐욕의 사금파리는 더 넓게 벌리고 있겠지
컴파스compass

현대판 사금파리 탐욕
인격 정신까지 빼앗아 먹으려하는
황금만능주의의 괴물
누가 막을 것인가

딱지치기

서랍에 그득그득 채워놓고도
또 접어야 했어요

아주 얇게 더 얇게
두툼하게 힘 담은 중심 크게 접었어요
반들반들 코팅 책 뜯어 무적의 딱지 접었지요

모서리 사각 맞추어서 발로 꼬옥꼬옥 밟아서
바늘구멍 틈새도 없도록 납작하게 만들어야
땅에 붙을 수 있었어요

어깨 빠지도록 쳐 들배지기 씨름보다
넘어가는 맛 신나고 정말 재미있었어요

가볍다고 넘어가는 게 아니고
두툼하다고 버티는 게 아니에요

인생살이 투기鬪技 경기장
승부에 목숨 걸고 라이벌 넘겨야 살아남는
약육강식
삶의 축소판

친구를 찾습니다

밥만 먹으면 붙어 다녔습니다
등교도 하교도 같이 하고
학원도 숙제도 같이 하고
놀 때도 같이 놀았습니다
호주머니도 다 열어주고
맘도 다 열었습니다

정치인가 뭔가 사람이 달라졌습니다
나를 정적政敵 쯤 여기는지
시기 질투 외면

훈장과 배지로 도배한
어느 나라 충성 장교같이
장長 자리가 감柑처럼 많이 달려 있었습니다.

그 친구가…
그 친구가…

어디서 찾을 수 있을까요
그 옛날의
진국眞麯 친구

그땐 몰랐습니다

처음엔 미처 몰랐습니다
함께 있을 땐 몰랐습니다.
며칠 지나도록 몰랐습니다
어딘지 허전한데도 몰랐습니다

이제사 그 빈 자리를 알았습니다
기약 없이 떠난 그 사람의 자리
기다리며 그리워 해도
점점 더 깊어갑니다

고독이 쌓여 하얀 밤을 이루고
그리움은 눈물처럼 궂은비로
밤새도록 후드득후드득
애꿎은 창문을 때립니다

가슴이 아픕니다
마음이 저립니다

그땐 몰랐습니다

대답 없느냐

거긴 지구 반대쪽이냐
시차가 그리 크더냐

카톡 넣은 지 언제인데
명 짧은 사람 먼저 가겠다

짧은 기척이라도
싫은 기색이라도

너의 맘 담은 댓글
지금도 기다린다

피고 지는
꽃소식에 네 이름은 빠졌고
부르다가 떠난
새 노래에도 언급이 없었다

기다리는 너의 답신答信
걱정만 쌓여간다

오래 살 줄 알았는데

뱀탕도 먹었던가
사슴피도 마셨던가
대궐 같은 저택 정원
궁궐 안 같은 고즈넉한 뜰
팔심도 대단했고 뚝심도 셌는데

그렇게 급히 갈 거면
장수 채비 왜 갖추었나
부고訃告가 웬 말이야
팔순도 못 채우고 희수喜壽의 턱걸이냐

그렇게 갈 마음이 있었으면
정 두지 말았어야지

그렇게 갈 마음 있었으면
석별의 아픔도 가져갔어야지

황천길 구만리로 가지 말고
유리바다 생명수 있는 곳
거기서 다시 만나세

부메랑

그가 없는 곳에서 칭찬하고
그가 있는 곳에서 격려하고

그가 보지 않는 곳에서
한 눈 팔지 않고 일하고
그가 있는 곳에서 함께 쉬고

그 가난한 자에게 꾸어주고
있는 부자에게 낙타 바늘 말해주고

처음 만난 나그네 냉수로 영접하고
친구에게 손 잡아주고

대접 받고자 하는 대로
남을 대접했더니
돌아오는 사랑

고맙습니다

수면시간

석양처럼 무거워 내려앉은 눈꺼풀
나도 여덟시에 자고 싶다

늦은 퇴근 앞당기고 주전부리 군것질 끊고
재밌는 TV 접어두고
세계테마 여행도 내일 볼 수 없을까

그 시간은 정지가 아니다
그 시간은 낭비가 아니다
그 시간은 퇴보가 아니다

창조를 위한 에너지 비축
상큼한 출발을 위한 동력

빨리 눈을 감자
감아야 열리는
행복한 세계를 향하여

월요일

오랜만에 큰맘 먹고
찾아간 고궁
실망스럽게도
정기 휴관이란다

일벌레 일중독
아니라도
쉬어야 새 힘 얻는 것이
재충전이지만

시時 공간空間 통한
충전이 아니라
거대한 힘의 근원이신
그분에게 연결되어야

걸어가도 피곤치 아니하고
달려가도 곤비치 아니하는

독수리처럼
새 힘을 얻으리라

골육은 하나

엄위하신 아버지 한 분
인자하신 어머니 한 분

둥지 안방에서 덮는 이불도 하나
부엌에서 나온 좋아하는 음식도 하나

사금파리 딱지치기 마당도 하나
오순도순 모여 나누는 즐거움도 하나

감꽃 주우며 토끼풀 뜯던 열심도 하나
뛰어놀며 흘리는 땀 냄새도 하나

강가에서 피라미 배따는 방식도 하나
모래밭에서 샅바 잡는 씨름 기술도 하나

머리카락 굵기 색깔도 하나
웃을 때 짓는 표정도 하나

말씀 간직하며 살아가는 인내도 하나
말씀 연구하며 전파하는 모습도 하나

싫은 소리 못하는 소심한 마음도 하나
정한 목표 향한 뚝심도 하나

좁은 문 생명의 길 사명도 하나
넓은 문 멸망의 길 거절도 하나

남 의식하며 잘 살아보겠다는 집념도 하나
남 짓밟고 올라서는 처세 따위 싫어함도 하나

알고 보니
마음속에 모신 오직 그분
알고 보니
생각 느낌 주신 오직 그분
자나 깨나 사나 죽으나
먹으나 마시나

다 그분으로 말미암았기에

이삿짐 싸기

출발! 정든 필라델피아
멀고 먼 중남부 달라스까지
스물 한 시간이 걸린단다

며칠 후에 있을 이사이지만
그보다 더 걸리는
이삿짐 싸기는 예선전
인내와 체력으로 통과하자

몇날 며칠 싸고 싸도
끝도 바닥도 보이지 않지만

철없는 아이들 앞에 펼쳐진 짐들은
다 장난감인 줄 안다

가져갈 짐 챙기고 버릴 것 버리기엔
옷가게 옷 고르는 것보다
더 과감한 용기가 필요하구나

어차피 인생은 나그네 길
섭리대로 이사하고 또 이사하는 거다

새로운 환경은 스트레스이지만
설레이는 마음은 청량제가 된다

그만큼 인생의 지평이 넓어지고
그만큼 학문적 깊이도 더해가고
그만큼 오묘한 지혜도 쌓여가고

지나고 난 후 이박삼일이라도
이야기꽃을 피우게 되고
땀 흘려 만든 구슬 같은 보람
준비하지 않으면 얻을 수 없다

오후

뚫을 듯 강렬한 아침 햇살
막힘없이 퍼지도록
파란 하늘은 온 구름을 다 거둬들이고
생명력을 내쏘고
희망을 퍼뜨리고
어둠을 몰아내더니

어느덧 초여름
보리는 가뭄의 잠을 자고
오후는 졸고 있는데
숲의 파수꾼 매미는
얼람alarm소리로 계속 깨우고 있다

그 소리 때문에 취한 잠에서
그 소리 때문에 바로 깨어나

맑은 정신으로 돌아와서
정상 상태로 돌아와서

사래 긴
시작詩作의 밭을 갈아야지

분주한 집중 전화국

꼭두새벽 기도회 출발
준비하느라 바쁜 시간에
먼 나라 미국에서 둘째 딸의 두 아들
"카톡, 카톡" 새벽문안 들어온다

철없는 개구쟁이들 동영상이
하루 활력을 선사하누나

출근준비로 아침식탁에 앉으면
임신한 셋째 딸이 영상전화로
엄마 아빨 찾는다
태중胎中에 자리한 애기 초음파 영상
시간 가는 줄 모른다

퇴근 후 쉬려고 하면
큰딸 유치원 다녀온 아들 자랑
보기 드문 신동인데 육아법은 어찌할지
하루전화로 행복한 고민을 뿌려놓고 마감한다

분주한 활동을 마치고 귀가한 아들
말없이 제 방 들어가면 평온한 하루가 저문다

억척 가장

가장 남편 초년에 떠나보내고
은혜 받은 아들도 도회지로 떠난 뒤

연약하여 힘겨운 여인의 몸으로
포기할 수 없는 살림
억척스런 가장 노릇으로 해가 저문다

이른 새벽 기도회 마친 신실한 이계선 권사님
꽁보리 밥 풋 고추 찬으로 하루를 연 뒤
멈춰지지 않는 농사일
청승과부 '동국댁' 억척 뚝심
나무하러 산 오르내리네

초라한 농산물 장날 내다 팔고
바지런한 손놀림으로 만들고 세워보지만
기울어진 가세 세우기에 역부족이었네

이마엔 굵은 주름 골 이루고
거친 손마디 마디마다 관절염
머리에 올린 따베이 수건
만년설 같이 이고지고

어깨엔 늘 지게
"난 개안타"

가난한 살림 무게 짊어진
낮엔 무쇠 건강 남정네 같이
밤엔 깊어가는 외로움과 신음으로
욱신욱신 지새우면서도
썩어지는 밀알 헌신으로
권씨 가문 일구었네

밤마다 수양버들 같이 휘어진
어깨 등허리 팔다리
쉬려고 앉으려면
"아이구 야야!" 소리 달고

풀려고 누우면 더 아픈 육신 곁엔
안마하는 장손의 바쁜 손놀림

그 할머니 보고 싶다

눈깔사탕

입안에 들어가면 내 꺼다

굵은 설탕으로 만든 둥근 알
입안에서 잘 굴러간다

혀는 위치를 잡아주고
이빨은 잘게 부셔주고
침은 녹이는 자동 분무기
온 세계를 다 얻은 기분이다

동생이 따라와서
형아 한 번만
귀찮게 자꾸 보채면
딱 한번 만 빨아
두 번 아니다
선심 베풀며 으스댄다

사탕은 자꾸 줄어든다
그래도 나는 행복하다

이제는
감언이설甘言利說보다는
고진감래苦盡甘來
우선 달다고 눈깔사탕 찾지 말고
차라리 쓴 약이 되더라도
젊은 시절 고생을 겪어보자
꿈을 이루기 위해서

마음고생 몸고생
인생의 깊이를 더하게 만들고
인생의 의미를 깨닫게 만든다

눈깔사탕 단물에 비리가 있고
눈깔사탕 단물에 탐욕이 있다

사탕 발린 칭찬에 눈멀지 말고
사탕 발린 유혹에 맘 뺏기지 말라

유구무언有口無言

환자 불러놓고
조직검사 결과 말 못하고
큰 병원 가보세요
더듬거리는
의사의 심정 아시나요

영안靈眼 열린 사람에게는
숨은 패역과 완악함의 숯덩어리가
떨어진 홍시紅柿보다
더 선명하게 보이는데도
나단처럼 지적 못하는
선지자의 고뇌를 아시나요

차라리
무구유언無口有言이 더 낫겠다고
마지막 붓을 든
필객의 아픔을 아시나요

이제사 알았다

나는 바둑이를 좋아하고
바둑이도 꼬리치며 달려들었다

눈빛만 봐도 좋아라고 짖으면서 안기었고
반가운 체온을 느꼈다

내가 어디로 가도 언제 왔는지
벌써 내 곁에 와 기척을 보인다

어느 여름날 학교 다녀왔는데
바둑이가 보이질 않는다

말 없으신 할머니는 가마솥에 뭘 끓이신다
건져내신 고기는 맛없는 내장 간 창자
이제사 알았다
돈 만들려는 할머니
바둑이를 내다 팔고 내장만 받아오셨다

그래서
맛이 없었나 보다

등단하던 날

꼬옥 일 년 육 개월 만이다
작년 오월 K교수의 권면
시작은 현역 때 하라고
고맙고 고맙습니다
꿈만 같던 일

일단 스스로에게도 수고했다고
칭찬하고 싶다

그동안 백사십여 편 습작했다
시작법도 다섯 권 정도 읽고 또 읽었다
등단을 목표로 앞을 향하여 달려왔다

마침내 『순수문학』 제 311호에 올려졌다
부정에서 긍정으로 생각을 바꿔준 아내도 고맙다

이젠 등단했으니 부지런히 앞서가는
선배들을 따라 달려가야지

새로운 또 하나의 목표 수필 등단이다
펜도 마음도 놓을 수 없다

4부

멀고 먼 나라

검정색 일본에도 소망이 있음을 보았습니다

기내에서 그토록 기다리던 땅을 보았습니다
숨 가쁘게 건너온 현해탄 너머 찾아온 땅
생명 씨앗 틔우는 황토색이 아니라
죽음을 연출하는 검은 색이었습니다
생명력이 보이지 아니하고
애굽의 열 번째 재앙 같은 화산재
검정색이 땅을 슬프게 했습니다

전통술 단지들이 각가지 브랜드로
쌓은 벽이 명물처럼 세워져있고
하늘 덮은 도심의 신궁 수목마다
녹색 잎으로 덮여졌으나
줄기와 가지는 다 새까맣고
하만처럼 거드름을 표출한 담장
그리고 도리이를 지나가는 인간은
탐욕의 갈증으로 사지를 향하고 있었습니다

일본의 자랑스런 상징물 후지산 창조주는
죽음의 색깔을 지워버리라고
천년을 하루같이 만년을 이틀같이
기다림과 사랑으로 만든 눈 봉우리 만년설

천황 위의 하늘 아버지, 주인 됨을 저버리고
땅 아래 저주의 귀신 800만을 받들어
곳곳마다 더러움의 향냄새가 진동하고
죽음처럼 여망 없이 비스듬히 누운
섬의 비극을 보았습니다

그러나 복음의 증인들은 뛰는 심장마다
뜨거운 사랑을 폭탄처럼 품고 있었습니다

생명의 말씀을 씨이피알CPR처럼 갖춰
활화산같이 분출하는 성령의 위력으로
검은 땅을 다시 살려
소망있는 생명의 땅으로 재창조하실
신비한 하나님의 비전 속에서
긍휼을 베푸시는 반전反戰의 손길 또한
보았습니다

검정색 일본에도 소망 있음을
보았습니다

입 못 다문 술라웨시섬

액체처럼 흘러내리던 땅
3km나 흘렀다
이내 땅속에서 솟아난 토사가
마을 전체를 삼켰다
일상이 깨진 자리에 반복되는 정전
여진 흑암의 공포가 대신했다

식당도 가게도 사라졌다.
지역상권 이끌던 화상華商은 철수하고
텅 빈 거리에는
앙상한 갈비뼈를 드러낸
개 고양이가 전부였다

지진에 이은 쓰나미
피해가 얼마인지 알지 못하는데
전염병의 공포가 먹구름처럼 뒤 덮는다
술라웨시섬
팔루 인근 마을들이 연기처럼 사라졌다
살려달라는 외마디 절규가
아직도 사라지지 않은 채

비 그친 뒤 폭염은 37도를 찍고
지하 2m, 3m는 무덤 그 자체다
하루아침에 공동묘지가 된 도시

'뜨리마 까시'
은혜를 받았습니다
영혼 담은 감사들
아직 살아있음이 죄송스럽다
구호품 못 미친 산간 오지
십시일반 모아진 따뜻한 손길
다시 살리고 일으킬
액상화 마을의 목숨 줄이다

하루 아침에 주저앉은 이 대지의 허상
오직 생명의 주인이신
사랑의 주님 앞에 엎드릴 뿐이다

우리나라가 훨씬 낫지

영국도 그렇고
프랑스도 마찬가지
이탈리아도 예외가 아니다

좁은 골목
구불구불 차도
돈 받는 화장실
소매치기 천국
포화상태의 박물관

인내심을 요구하는 골목길
여유로움을 원하는 차도
무장해제 하지 말라는 소매치기 극성
보기는 보아도 만족함이 없음을
깨닫게 하는 반면교사反面

그리고
빨리 빨리 우리들에게
느림의 미학을 가르치는 쓴 스승이다

문화재 한 점 한 점 얻으려고

얼마나 많은 피 흘렸을까
아군이 피를 흘리고
적군도 피를 흘리고

건축자재 부족한 베드로성당
콜로세움 경기장 대리석으로 된
관중석 뜯어내고
곳곳 기존 건축물에서
마구마구 뜯어서라도
신神을 위한 대성당
지어내는 신앙심

바티칸의 박물관은
암흑했던 중세를 다시 보는 듯

하늘도 땅도 건물도 도로도 나무도 풀도 돌도 흙도 산도 강도 휴게소도 식당도 화장실도 인도도 친절도 민도도 민심도 어른도 아이도 휴대폰도 교육열도

자동차도
우리나라가 훨씬 더 낫다

멀고 먼 나라

좁디좁은 하늘에 갇혀 열 두 시간 접는다
허리도 무릎도 눈도 접어야 나올 수 있고
접어야 날 수 있다
생각을 접고
활동을 접고
느낌도 접고 상상의 나래를 편다
시공간의 경계를 넘는 나라

과거도 있고 현재도 있다
1894년에 완공된 타워 브리지
1859년 완공된 거대한 시계탑 빅벤
1603년에 완공된 웨스트민스터 사원

세계가 모여 있는 나라
아시아가 있고 아프리카가 있고
중동이 있고 아메리카가 있고
호주도 있고 물론 유럽이 모여 있는 나라

그래서 해가 지지 않는 나라
비록 약탈 문화재이지만
세계 최대 대영박물관의 나라

알프스 박물관

구름 지나가는 길목
숨 가빠 오르지 못하는 절벽처럼 높은
세계의 지붕 '융 프라우'

까치도 짓기 외면하는 천상의 선녀들
눈보라 치는 어느 날 잠시 놀고 가는 듯
그 지붕 아래 넓은 방 사십만 유물
르부르 박물관보다 더 많고 많은 보물들
소장해놓았다니

먼저 둘러본 사랑관
선혈이 낭자하고
못 구멍 뚫린 십자가 형틀
보존하는 제일관

두 번째 역사관
백년 넘도록 만든 방주
감람잎 물고 들어온 비둘기 창 그대로

마지막 들른 창조관
아무것도 보이지 않는 구나
소실된 것도 아닌데 온 세상을 열었던
창조의 능력 말씀만 가득
믿음의 눈 아니면 볼 수가 없네

하늘 아래 스위스

하늘아래 태고의 아름다움
신선함을 원형대로 간직하고 있다

깎아지른 절벽 바위 위에
흰 모자 같기도 하고
가슴마다 흰 솜이불 안고 있는
바위의 자태
스스로 자自 그러할 연然

보채는 햇살 뜨거움에 못 이겨
시린 손 놓아주더니
어느 사이
거울 같은 호수를 이루었네

그 속에 다시 그 산을 담고
그 속에 다시 바위를 품고
비움의 아름다움
배려의 보상이구나

야속하게도 장면을 떼어놓는
빨간 톱니바퀴 열차는 달려

비단을 펼쳐 놓은 초원으로
데려다 놓았다

한철 만난
초원의 청초한 아름다움
넋을 잃은 여행자를
청춘 십팔 세로
만들어놓았다

느림보 열차에서 뛰어내려
밟기도 아까워 드러눕고 싶은
융단의 초원에서
한 이박삼일 녹아들어
알프스의 자연이 되고 싶었다

요흐JOCH 만년설

거기까지 쌓아 올리셨군요

얼마나 많은 세월
얼마나 숱한 공

곳곳에 흔적 남아
흘린 땀 냄새 나듯

그 속에 얼마나 많은
보물들이 쌓여있을까

아무도 열수 없는 얼음 문
보물 창고
언제 열어주시려나

산 같이 깊은
보물창고
신비로 덮은 만년 설
말없이 하얀 미소만 짓고 있네

* 요흐JOCH는 스위스말로 봉우리란 뜻

그게 여행인가요

밖으로 보세요 오른쪽
노란색 아니고
너무 추워 털옷 입고
알프스 산기슭 앉아 기다렸네
에델바이스

다가올 손 기다리며 이슬로 목욕하고
희디흰 설화수로 열심히 화장했네

백년을 기다렸지만
눈치보다 더 빠르게
내빼듯 가버리는군요

괜찮아요 그분이 계시기에
간 밤 들의 백합화 입히시고
공중 새 먹이신
하늘 아버지

진수성찬으로 다독거리시며
눈물 닦아주시듯 함께 하고 계셔요

한 수 배웁시다

말만 듣던 유럽의 관문 영국
런던 히드로우 공항에 내려
발로 밟으니 가슴이 뛴다

교과서에서만 봤던 문화재
실물들 현장 눈앞에 펼쳐지다니

이게 그거 맞냐
문화재가 주인인 나라
옮기지도 않고
구불거리는 길 불편해도
그 자리 교통이 정체되어도

수백 년 전 조상들이 만든 문화재
다시 만들 수 없기에
불평 없이 소중하게 모실 줄 안다

얼마나 많은 노고와 성실이 있었기에
수백 년이 되었어도 그 가치 그대로다
먼 훗날 후손들이 그 땀 열매
거두고 있음을 알고나 있을까

시민 권리보다 조상들의 권리
더 소중하게 챙기는 나라

견고한 인문의식
뿌리 역사가 오늘의 번성 이루는데

권불십년權不十年이 조변석개朝變夕改
바뀐 것도 모르는 정상배政商輩들
그게 힘 인줄 알고 있는가

아뿔사, 아서라
권력의 지우개로 과거 지우다가
제 이름도 지워질지 누가 알겠나

짧은 역사 멋대로 지운다면
쌓여진 역사는 어디서 오고
뿌리 역사는 어떻게 일으키랴

과거를 소중히 여기는 나라
그 나라가
신사의 나라
앞서가는 국가가 되었구나

여행, 정 주지 말고

짐 챙기기 바쁘네 하루 사는 살림살이
영국 찍고 프랑스 거쳐 스위스 올라갔다가
밀라노로 내려간다

출발시간 익히고 인증사진 찍고
찍는 게 뭐 그리 중요한지

떠남의 정 아픈 석별
나그네의 사치일 뿐

내일 또 떠날 건데
정 챙겨 가거라

기다리는 고국 며칠 후 돌아갈 건데
말없이 떠나고 말 세상
맘으로 찾지 말고
표정으로 사랑 주지 말라

고국으로 돌아가는 발걸음 끝나는 날
그분이 주신 내 집
그 집에 갈 때까지 정주지 말라

바이칼 호를 바라보며

이르쿠추크에서 바이칼 호수를 찾는다
시베리아의 도시 같은 시골

건물도 도로도 더럽지만 자연 그대로의 호수
와! 바이칼Baikal
지구의 오지에 묻혀 아직 맑고 깨끗하다

뛰어들고 싶을 만큼 청정바다
세계 민물의 창고
무려 365개 강에서 받아
앙가라 강으로만 흘러 보내는
시베리아의 사해

청정도 염려는 기우일 뿐
기다리는 바이칼로 뛰어들어
맑고 파란 물로 영혼까지 씻으려므나

무당의 원조 알혼섬
나사렛 예수 그리스도로 눌러
환상과 기도의 시베리아 밧모 섬으로
변화시킬 수 있다면…

난 소풍이 싫었다

매년 진달래가 온산을 덮을 때면
소풍을 간다

그런데 싫다
난 공부벌레도
시원찮은 소풍 프로그램도
소풍 때 입을 옷도
마땅치 않아서도 아니다

1학년 때도 그곳을 갔다
2학년 때도 그곳을 갔다
3학년 때도 그곳을 갔다

그래서 묻지 않아도 다음 번
또 그곳일 게 틀림없다

그곳은 항내 진동하는 절간이었다
얼마나 오래된 곳인지 모른다
도시락 까먹고 보물찾기하면
돌아온다

아장아장 타박타박 걷고 또 걸었다

종아리엔 알이 베고
발바닥은 부르트고
자갈길 신작로를 사십 리는
더 걸었다

소풍에 대한 꿈
여지없이 깨어지는 날이다

이제사
난 핸들을 잡고 어린 시절
이루지 못한 꿈을 품고
시골길을 달리고 싶다
절간 없는 곳으로

무인 자동차

늘 부족한 수면
채울 수 있는 공간 없지만
핸들 잡으면 그때부터 침실인 줄 착각한다

잠 쫓을 스넥 열심히 먹어도
눈꺼풀이 천근만근 들어올려지지 않는다

이젠 손바닥 마주치기
스무 번 서른 번 마흔 번 치고 친다
핸들에서 손을 떼고 묘기 부리듯
빠른 템포 손바닥 치기
번쩍 정신이 들고 피로도 다 도망간다

십초 간 이십 초간 무인자동차 잘도 달린다
차 창문 열어놓기
시원한 바람 마시면서 육신과 정신을 깨운다
여름날 오후의 식곤증食困症

중부고속도로 곤지암 도착한 건데
경춘고속도로 가평 지나 쉼 없이 달리고 있다
아뿔사, 인생은 속도가 아니라 방향이라더니

비 오는 날

함박 눈발 날리면 동네 개들 나와 좋아하듯이
대낮에 비만 쏟아지면 오랜 친구보다 더 반갑다
우산 없이 걸어도 좋다

사람들이 분주해진다
발걸음이 빨라지고 민첩해진다

아이들이 뛰어간다
아가씨도 뛰어간다
아저씨도 뛰어간다
아줌마도 뛰어간다
할아버지도 빨리 걷는다
그러나 난 천천히 걷는다
언제 와도 비는 반갑다

마당 한 켠 쓰레기도 쓸어가고
길에 버려진 스넥 껍데기들까지 다 쓸어가거라

비야 비야 더 세차게 와서
온 세상 사람들 맘속에 있는 더러움도
내 맘 속에 온갖 염려들도 다 쓸어가거라

촌놈

서울로 이사 가게 되었다
중학교 졸업하고 일 년 쉴 때
1965년 8월 마지막 날
아버지의 초청으로
난생 처음으로
둥그런 바퀴 달린 버스에 올랐다

읍내 가는 버스를 탔는데
신기한 일이다
길가의 가로수들이 모두
달리기 시작했다

나는 앉아서 가고 있는데
미류 나무 가로수가
버스보다 빨리 달렸다
다른 것들도 빨리 달렸다

달리는 가로수들
뒤로 달리는데도 그렇게
후다닥닥 가는 것이었다

중앙선 기차에 올랐다
무쇠로 만든 까만 기차
기적소리 크게 내면서
철길 따라 잘도 달린다

많기도 한 터널
아무리 세어도 끝나지 않았다

고향 떠나는 석별의 날
하늘은 뜨거운 눈물을
쉬지 않고 흘려
마음을 무겁게 했다

청량리 역전驛前은 인산인해
우산 들고 선 아버지
우뚝 솟은 전봇대처럼 컸다

꿈 많던 나를 기다리던
그 아버지가 지금 그립다
아버지이…

여수 여행

남으로 남쪽으로
달리고 달려
끝까지 가야 만나는 도시

자동차 뿐 아니라
끈질긴 인내력 없으면
도착하지 못하는 곳

관광의 열정
왕성한 체력
마음의 여유

어우러지는
푸른 하늘
푸른 바다
맞닿은 절경

그래서 여수는
여유를 가진 사람만이
즐길 수 있는
대한민국의 선물

속초 하늘 아래

해 뜨는 곳 동쪽을 향하여
액셀러레이터에 발을 올렸다
매너리즘이 지배하는 일상을
벗어나서 열리는 새로운 날

공기도 새롭고 하늘도 신선하고
손짓하는 바다도 어서 오라고
고개 돌려 사방을 살펴본다

모양은 작년 그대로인데
새 나무 새 풀이구나

지친 태풍은 힘이 달려
남부지방에서 동해안으로
도망치듯 빠져 나가고
청명한 속초 하늘만 남겼구나
서성거리던 구름도 데리고 갔네

입만 열면 새 노래가
머리를 쓰면 새로운 아이디어가
함박눈처럼 소복소복 쌓이누나

느려도 질긴 생명

울타리 없이 광활한
빙설氷雪 사막 위에
에는 듯한 눈바람이
시야도 다 막아버리고

남극의 신사
남극의 주인
호들갑 떨지 않고
묵묵히 옮긴다

황제펭귄 대이동

사치 없는 흑백 신사
요술처럼
발등에 알을 올려
따뜻한 배털로 덮어주고
살얼음판
끝없는 여정
모질게 걸어간다

야속하게 몰아치는

칼바람에
고슴도치 털이 되고
눈과 부리는
고드름에 묻혀버리고

눈보라치는 영하 60도
두 달간 먹지도 아니하고
진주 같은 알을 품는다

뒤뚱 뛰뚱 걷는 걸음
드디어 목적지에 도착하고

탈진한 수놈 펭귄의 부성애
재충전 암컷 펭귄의 모성애
사투 끝에
금쪽같은 새끼를 얻는다

좀 빨리 달려라

철책 앞 경비 선 이등병
시간아 어찌 너는 저 하늘 구름 같이
세월아 네월아 하고 있느냐

복중 아이 커가는 임산부
무게와 고통의 십 개월
빨리 갈 수 없을까

무슨 일일까 담 안 복역수
하루가 지루하고 길다
빨리 햇빛을 볼 수 없을까

힘든 일 마다않고 땀 흘리는 노동자들
이역만리 넘어와서 세월 가고 통장 차면
가족의 품으로 돌아갈 거다

생명 걸고 수술 받은 환자
시간이 의사요 간호사이기에
시간아 좀 더 빨리 갈 수 없을까

달콤한 날짜 받은 연인

세월 달려 웨딩 올리고
알콩달콩 깨소금 쏟아질

그날아
제발 빨리 오너라

폭포수 그림을 보면서

청명한 하늘을 배경으로
어디서 출발했는지 몰라도
쉬임없이 떨어지는 폭포수

한 여름 폭염과 놀다가
그 높은 곳에서 다 가슴에 안고
논개처럼 함께 떨어지니
서늘하기도 하다

한번 떨어지면
다시 오를 수 없는 운명인데
온 대지에 피어오르는
열기를 다 모아서
깊은 소沼로 사라졌다

물바다에서 피는
기쁨의 무우霧雨로
다시 가슴을
시원하게 적시누나

알람 닭소리

시침 분침이 일직 선상
전날 밤 늦게 든 잠 속
시골 냇가에서
신나게 물장구를 치는데

창문 밖에서는
터줏대감 수탉이
발성 연습 끝났다고
볼륨 높여 울어댄다

닭띠 줌마들 입주한 걸
어찌 알고
얼람 울음에 반기는
정서가 묻어나고

해는
토브의 강가에서
높아져가는구나

바다정원

코발트색 짙은 동해바다
떠들썩하게 붐비던 피서객
이제는 떠나간 빈자리가 넓은 해변

신나는 관광 무한 바다 속
용궁 가던 토끼나 보던
신비한 세계 맘속에 그리며
부지런히 달려간 바다 정원

그러나
부딪히던 파도보다 더 큰
포말을 날려 올린 늦여름
한갓 꿈 버블이었나

오히려
고궁같이 널찍한 대지 위에
현대식 첨단 디자이너 솜씨로
아름답고 시원스런 복합 시설물
꿈을 이룬 정원이었네

코를 자극하는 빵 냄새
이탈리아식 카페

어느 사이 손엔
카라멜마키야또

1층 2층 3층 4층 5층 높이 살려
특색 있는 전망대 좌석 앞엔
제식 군인처럼 도열한 해송들
끝없이 펼쳐진 바다 정원을
돋보이게 꾸미고 있네

낭만의 바다 지중해도
이런 풍광 연출은 꿈도 꿔보지 못했으리라

어느 누구도 이런 이국적인 정원을
상상해 볼 수 있었을까
바다 정원
바다처럼 넓은 마음으로
위로해주어라 소시민을
다시 올 거다 속초 명물

떠나지 말고 기다려라
사시사철 변신하며 그려낼
다시 올 거다
그 모습 즐기려

외길 코스모스

장미의 화려함 해바라기의 당당함도
무한한 순결 뽐내는 목련에도 못 미치지만
약한 듯 강한 앙증맞은 너의 모양
한들한들 소리 없이 뿜어내는 너의 자태는
한복 입은 무희舞姬가 만드는
곡선의 어울림이구나

고추잠자리 놀러오니 얼굴 들지 못하고
수줍은 듯 너의 얼굴이 붉어졌단다

어린 시절 등굣길에 처음 만났지만
길가자리 싫다는 내색 아니 하고
자리 옮겨 달라고 칭얼대지도 않았어

아직도 변함없이 길 한 켠
그대로 지키고 있구나

오가는 길손에게 미소微笑로 용기 주는
그 자리가 제일 좋으니
누구도 뺏을 수 없는 네 고유의 영토領土
외길 코스모스

그곳이 좋다

핸들만 잡으면 의식도 없이 동쪽으로
달려가는 이유가 있었다

입 무겁지만 곁에 와서
그림 같은 울타리 되어 준
강건한 설악산 때문이다

넌 작고 볼거리도 없는데
누가 찾아올까

동녘에서 밝은 물빛으로
세수하듯 훤하게 인물 나게 한
동해바다 때문이다

앉을 자리 볼거리 없던 곳이었는데
민간자본으로 힘 쓴 매력 넘치는
설악문화센터

'넌 대표자리 빼앗기지 말고
수많은 관광객 불러 모아 쉬고 즐기게 하렴
다시 올게'

단풍구경 꼭 갈 거다

지난여름
그 불같은 햇살을 한 몸에 품었던 너는
불타는 단풍을 배출하는구나

다 같은 햇살인데
붉은색 노란색 갈색으로 변하는
너는 요술쟁이

온 산이 불붙었는데 연기도 보이지 않고
소방차도 소방대원도 보이지 않으니
웬일일까

너는 알고 있지
차디 찬 북풍한설 오더라도
그 땅 지키라고 불타는 옷 입힌 것은
누군가의 솜씨일거라고

울긋불긋 조물주의 오묘한 채색
물감 옷에 묻을까봐
단풍 감상을 내일로 미루었다

그땐 그립겠지요

시원섭섭하지 않은가요
시원은 하지만 섭섭은 아니지요

49년간 달려온 외길 힘들었지요
아무도 도와줄 수 없는 고달프고 고독한 길
메마르고 목마른 길이었지만
한 발 한 발 달렸지요

내 뜻이 아니라
그분의 천명天命이니
오직 거기 생명의 열매 있으니

강단 아래 은혜 받을 성도들의 눈망울
희로애락에 울고 웃던 날이 지나
살아온 날들이 현실로 오버랩되니
저리도록 사무치네요

세월 흘러 어느덧
뒤를 돌아볼 날 오겠지요
그리고 그리워하겠지요
많이 그리워하겠지요

작품 해설

목양의 밭에 심기어진 언어의 꽃

-말만 들어도 눈물이 나는 권성목 시인의 시세계

김 옥 엽 (시인 · 문학평론가 · 한국여자신학교 교수)

‖ 작품해설 ‖

목양의 밭에 심기어진 언어의 꽃

-말만 들어도 눈물이 나는 권성묵 시인의 시세계

김 옥 엽(시인 · 문학평론가 · 한국여자신학교 교수)

1.

믿음의 삶을 영위하는 자에게 쉽고 편하기만 한 생활이란 없다.

그것은 결과론적으로 우리가 구원받았고 그 은혜로 인하여 영광의 하늘나라를 유업으로 받을 것이기에 기막힌 감사로 평생을 살지만 그 일생이 결코 만만치 않은 여정이기 때문이다.

그런데 이 땅에서 전투적 삶을 살아야하는 기독자가 또 다른 싸움을 시작했다면, 그것이 남은 생애의 수많은 시간을 바치고 창조의 고통을 수반하는 일이라면, 과연 현명한 선택이었다고 할 수 있을까?

작년 봄 어느 날, 누구보다도 부지런하고 어느 순간에도 신실과 성실로 살아온 한 사나이가 필자가 운영하는 문학아카데미의 문을 살며시, 살포시 열고 찾아왔다.

그는 40여 년 전부터 필자의 바깥양반하고, 그것도 매우 친해서 늘 만나는 신학동기요, 내가 강의하는 한국여자신학교의 학장님 아니신가?

그의 손에 들려있었던 흰 종이에는 평생을 바쳐 섬기면서 살아온 이야기들이 꿈처럼 그려져 있었고 삶의 정서와 상념의 굴곡이 빛깔진 언어회로에 오목조목 담겨 있었다.

존경하는 목사님, 그리고 기도 시인 권성묵! 그는 선이 굵은 남자요, 기도와 설교의 대가이며 가슴이 덥고 손목이 따듯한 분인 것은 진즉에 알고 있었지만 촘촘히 적어온 그의 고백서를 본 순간 그 섬세한 내면의 세계에 잠시 말을 잃었다. 그렇게 시작한 1년 반, 그는 수업에 올 때마다 종이뭉치로 선생인 나를 압도했고 같이 공부하는 문우들과 함께 머리를 맞대고 영성靈性과 인문이 흘러넘치는 시의 세계를 만들어나갔다.

2.

시는 자기의식의 정직한 육성이다.

다시 말해서 실제와 잠재된 의식의 전 상태를 통하여 걸러져서 형상화되는 고백의 진수요, 심혼의 노래다. 그러므로 시는 결국 시인 자신의 진솔한 감흥과 고뇌의 궤적이 미적 충동으로 승화된 후 자유의지를 따라 창조되는 열렬한 문학행위요, 그 보상인 셈이다.

그런데 목양일념으로 일생을 열심히 달려온 사명자가 굳이 사유와 고뇌가 얼크러진 문학에의 길을 가고자 하는 것은, 그를 세워주고 힘을 주시는 절대자와 사랑스런 양떼와 제자들에게 못 다한 고백을 시라는 아름답고도 지순한 이름으로 고해하고 싶어서가 아닐까?

그래서 그는 기독정신에 뿌리내린 소중한 자기의 경험과 이상을 설교와 함께 또 다른 양식에 담기 위하여 언어의 꽃을 다듬고 심었다. 그러면서 생명의 임재와 십자가의 광휘를 쉽고 겸손한 메타포에 담으려고 땀 흘리고 시간을 바쳐 이 글들을 만들어 낸 것이다.

그래서 권 시인의 마음 깊은 이 노래들은 낮에도 불을 켜고 진리를 찾아 헤매던 고대의 철학자처럼 하나님의 은혜의 원형을 사모하는 갈망이요 희구로 보인다. 또 신앙의 틀에 몸담고 있는 사람들이 세속을 욕망하는 인간적인 모순을 보고 절망하기도 하고 불의와 성결을 구별해야할 때 자신을 내려놓기를 주저하는, 인간이란 실로 연약한 존재임을 시인의 눈으로 발라내기도 한다.

3.

그럼 먼저 권 시인의 기도 시부터 살펴보기로 하자.

기도는
여는 것

기도는
카트cart

기도는
포기抛棄

기도는
전가轉嫁

기도는 사닥다리
기도는 만남

기도는
눈물

－「기도를 말한다」 全文－

기도는 시다. 아니, 시는 기도라는 말이 있다.

그런데 시詩라고 하는 글자를 자세히 보면 말씀 언言에 사원 사寺 자이다.

즉 사원에서 하는 말, 곧 경건한 종교의식에서 하는 말이란 뜻이다. 가정이나 거리에서 하는 말이 아니고 절대자에게 드리는 엄숙한 말이란 것으로 보아 시는 기도요, 기도는 시라는 정의가 성립한다. 그래서 여기 모든 시는 권 시인의 기도라고 해도 과언이 아닌 것인데 그는 이 짧은 시로써 기도를 정의했다

그 첫 번째, 기도는 여는 것이라 했다. 그 말은 하늘의 문을 여는 것인데 이것은 모든 행위의 시작이란 말을 이렇게 간단한 은유로 출발한다. 그리고 카트, 대형마트에

서 물건을 살 때 내게 필요한 이것저것을 욕심껏 담는 대형수레에 비유하다가 갑자기 포기라고 한다, 그리고는 전가轉嫁, 전가는 누가 누구에게 내 짐을 보내버린다는 뜻 아닌가? 또 사닥다리, 그 다음엔 눈물이라니, 이 짧은 언어로 그는 평생의 기도 과업이 어떤 무릎으로 이루어졌는지를 고백한 셈이다

그러므로 이 시에서 만나는 기도는 천국을 열어서 하나님의 마음 앞에 엎드려 내 바람과 소원을 엄중히 부탁한다는 것이다. 그러면서 기독자는 한 마디 한 마디 경건한 모습으로 한자 한자 심장에서 꺼낸 연필로 쓴 시어詩語처럼 아뢰어야 하며, 자신을 포기하고 세상을 눈 감아야 지상에 제대로 존재하게 되는 아이러니를 '이기리'에서 제시하고 있다. 그리고 그 과정을 기도라고 단언하면서 그럴 때 비로소 진정한 승리의 깃발을 펄럭일 수 있다고 하는 것이다.

새벽에
주님 앞에
무릎 꿇은 사람.

온종일
세상 앞에
무릎 꿇지 않더라

–「이기리」 全文–

다음, 그는 무슨 일로 말만 들어도 눈물이 난다고 했는지 생각해보자.

전도
말만 들어도 눈물이 난다
전해 듣지도 않고
태어남으로 자녀 되었으니
감격의 은혜를 무엇으로
보답할 수 있을까

전도
말만 들어도 눈물이 난다
우리 말 우리 글로
생명의 길을 전해도
돌아오는 자가 무수無數하니
그 은혜가 얼마나 큰가

전도
말만 들어도 눈물이 난다
청파 언덕 강호江湖에
남녀노소 싱싱한
물고기 떼가
풀풀 뛰어다니니
얼마나 풍성한 어장漁場인가

전도
말만 들어도 눈물이 난다
성령의 불 가슴에 품으며

추수할 것은 많되
일꾼이 적으니
주여, 일꾼들을 보내 주소서

전도
말만 들어도 눈물이 난다
한 번도 못 들어보고
거센 풍파에 휩쓸려 가는
저 형제들
물속에 빠져간다
생명줄 던져 지금 곧 던지어라

– 「말만 들어도 눈물이 난다」 全文–

목사의 아들로 자라난, 그 중 장남으로 태어나 전도 받지 않고 극적인 회심 없이 믿음을 얻었음을 최고의 복으로 여기고 그 받은 복을 눈물로 환치하는 권 시인, 그는 사실 독한 전도의 사람이다. 당신이 받은 모태신앙이란 선물을 감사하며 수년간 매일 오후 6시에 커피나 사탕봉지, 그리고 종이 쪼가리를 들고 거리에서 몸을 팔고 있는 그를 본 사람과 그에게 끌려 들어가는 애처로운 사람들이 많다는 소문은 사실인데.

그가 잡으려는 싱싱한 물고기 떼, 그 물고기를 잡으려는 추수할 일꾼, 물속에 빠져가는 저 형제들에게 생명 줄을 던지는 그 일을 생각 만해도 눈시울이 붉어지는 하나님의 종 권 시인, 그가 전하는 우리말과 우리글로 쓴 이 시의 광맥으로 꾸준한 사명의 성취와 은혜의 갈증에 몸을 내던진, 그 전도자의 감격이 손에 잡힐 듯 보인다.

내 일같이 땀 흘리는
우리 교회 마리아
폭염 속에 장인 같이
불이랑 씨름 하고
내 새끼 먹이듯이
정성이 뚝뚝

흐뭇하게 내려다보시는 그분
잡순 듯이 은근히 미소 짓고
그 정성과 땀 모아 모아
면류관 만들고 계실걸

-「천하에 기념할 여인으로」 부분

새삼스럽게도 권 시인은 목회자다. 새벽부터 양떼를 이끌고 푸른 초장으로 쉴만한 물가로 인도하는 부지런한 목자다, 그런 그 목자의 눈에 비치는 음메에 - 양들은 무슨 짓을 해도 예쁘고 귀엽다. 그런데 그 양들이 교회에서 집안일을 뒤로 두고 땀 흘리며 맛있는 것들을 만들어내니 이 알부남 - 알고 보면 부드러운 남자 - 이 얼마나 칭찬해주고 싶었을까? 시를 다 읽지 않아도 그냥 다가오는 '우리교회 마리아'들의 이미지는 몸 된 교회의 내면을 채우는 믿음의 본질인 사랑, 충성 그 충만의 표현이리라.

둥지 안방에서 덮는 이불도 하나
부엌에서 나온 좋아하는 음식도 하나

사금파리 딱지치기 마당도 하나
오순도순 모여 나누는 즐거움도 하나

감꽃 주우며 토끼풀 뜯던 열심도 하나
뛰어놀며 흘리는 땀 냄새도 하나

강가에서 피라미 배따는 방식도 하나
모래밭에서 샅바 잡는 씨름 기술도 하나

머리카락 굵기 색깔도 하나
웃을 때 짓는 표정도 하나

말씀 간직하며 살아가는 인내도 하나
말씀 연구하며 전파하는 모습도 하나

– 「골육은 하나」 부분

교회를 섬기는 부모님과 아들들이 믿음으로 살던 때, 어린 동생들과 토끼풀 뜯고 피라미 잡던 형제고 친구였던 성장기 시절, 이불하나를 서로 끌어당기며 발톱을 비비던 자식들을 말씀으로 키우려고 인내하던 어머니, 전파하던 아버지를 그린 수작이다. 지금 한국교회를 이끌어가는 오형제 목사는 각자 다양한 모습으로 헌신하고 있다. 그러나 천방지축 그 옛날이나, 맡은 자리에서 충성

하는 지금이나 모두 주의 피로 하나요, 한 부모의 핏줄이요, 한 신앙의 고백으로 영혼의 번지수도 동일한 추억공동체임을, 사랑의 공동체였음을 새삼 말하고 싶은 것이다.

입안에 들어가면 내 꺼다
굵은 설탕으로 만든 둥근 알
입안에서 잘 굴러간다

혀는 위치를 잡아주고
이빨은 잘게 부셔주고
침은 녹이는 자동 분무기

온 세계를 다 얻은 기분이다
동생이 따라와서 형아 한 번만
귀찮게 자꾸 보채면
딱 한번 만 빨아
두 번 아니다
선심 베풀며 으스댄다

사탕은 자꾸 줄어든다
그래도 우린 행복하다

– 「눈깔사탕」 부분

50년대와 60년대를 지금 생각해보면 그 때 그 시절을 어떻게 건너왔는지…….

온 국민이 다 가난했던 시절, 아들을 다섯이나 키우던 목회자 가정이 얼마나 어려웠을지는 짐작하기 어렵지 않다. 그러면서 눈깔사탕 한 알을 동생에게 빨도록 으스대던 장남 성묵의 권력자 행세가 추억을 소환하고 있다. 자꾸 줄어드는 사탕을 안타까워하던 그 때가 그래도 행복했다는 형제의 이야기로 시작한 이 시는 "눈깔사탕 단물에 비리가 있고 / 눈깔사탕 단물에 탐욕이 있다 // 사탕 발린 칭찬에 눈멀지 말고 / 사탕 발린 유혹에 맘 뺏기지 말라"라는 교훈으로 끝나고 있다 이처럼 권 시인의 여러 시에는 리얼리티든 관념이든 교훈이 들어가 있다. 그런데 많은 인생의 글 앞에 교훈이 들어가 있다는 것은 평생을 설교자로 살아온 탓도 있겠지만 자신이 매우 도덕적이고 모범적인 사람들에게서 흔히 나타나는 증상으로 시 「원수 사랑」에서 그는 대놓고 목사티를 내는 교훈질을 한다.

턱도 없는 소리,
말도 안 되는 소리
다 처벌해야지
다 갚아야 해
단 하나도 성하게 걸어 다니게 해선 안 돼
안 되고말고

원수가 누구지
어디 있지
말씀의 거울 앞에선

내가
그렇게 생겼다면
거울이 불량일까
내가 불량일까

—「원수 사랑」 全文

그런데 이 시가 문제다. 원수 사랑이라는 사랑의 무한성과 인간적 상식이 갈등하는 기독자들에게 긴 설교로 할 이야기를 짧은 두 개의 연에 너무도 선명하게 기독교의 지향점을 제시한 작품이라서……. 그리고 많은 시인 지망자들이 관념을 시로 착각하는 데 반해 권 시인은 습작 초기부터 그가 믿는 확고한 세계관을 속살을 찢어 마음 밭에 심어주는 시 작법을 보여주고 있는데 이 시 또한 '시는 이런 것이다'라는 모본을 보여준 사례다. 그런데 이것도 교훈이지만 교훈의 진부함을 바로 들이대지 않고 에둘러 제시한 점 또한 문학의 형식미까지 터득한 일석삼조가 아닐까?

이제는 눈 감아야 열리는 세계를
보셨나요

귀 있는 자에게 들려오는 소리를
들으셨나요

능하신 손아래

비하卑下의 땅에서 심어진
승귀昇貴의 열매를 얻는다는 역설逆說
들으셨나요

자기를 부인해야
따라갈 수 있는 제자의 도
구레네 시몬이 아니라
바로 내가 져야한다는 것을
들으셨나요

–「아, 그렇구나」 全文

기독교는 신비의 종교다. 눈 감아야 보이고 귀 막아야 들리는, 심령의 불을 켜야 비로소 체득되는 그야말로 믿어야하는 종교다. 그리고 또한 원수까지 사랑해야하는 역설의 종교다. 수치의 십자가에서 영광과 복락의 열매를 얻는, 온 우주가 동원되는 유일한 가치다. 그런데 그 가치는 내가 죽어야 내가 살고, 나를 버려야 우리를 얻는 것 이어서 기독자의 삶은 은혜의 삶이면서 또한 가시밭길도 가야하는 쓸쓸한 제자의 길道이다. 그런데도 그것을 모를 리 없는 권 시인이 정신의 안주安住와는 거리가 먼 시인으로써 자기 해체의 길을 스스로 택하였으니…….

민들레 홀씨 같은 꿈과 사랑의 씨앗
더 멀리 날아가기 전에
갈퀴로 긁어모아 글밭 이루어

파란 싹 틔우고 싶다
독버섯 사상思想 앞 보이지 않는
숨 막히는 잿빛도시
푸르청청한 시와 하늘 빛 바람으로
뿌리고 싶다
강단에서의 외침은 썰물 때를 바라보고
회중석 가득 메운 평신도의 언어
낙조落照의 메시지를 쓰고 싶다
죽었으나 멈추지 않는 아벨의 소리
못다 쓰고 간 필객들의 제재題材
열지 못한 창작의 칩chip 열어
아직도 다 분출하지 못한 용암처럼
내 속에서 끓고 있는 생명의 로고스
흘러 보내고 싶다

– 「쓰고 싶다」 부분

눈빛이 투명하고 속가슴이 끓어 오르던 시절부터 작가의 꿈을 키워왔던 문학소년, 그가 비록 복음을 전하는 종의 신분이 되어 수많은 영혼을 먹이는 책임자로 살았지만 이제 은퇴라는 시간의 자유를 약속받은 권 시인, 그의 의식 속에는 이제 그 자유로 민들레 홀씨처럼 멀리 가는 글을 쓰고 싶어 하는 마음이 있다. 그런데 그런 바람으로 쓴 이 시는 용암처럼 분출하려는 문학에의 열망을 생명의 로고스로 환원하여 또 다른 영광을 돌리려는 희망보다 간절한 희원을 말하는 시가 되었다.

사랑은 들어주는 것이다
사랑은 끄덕이는 것이다

사랑은 따라가는 것이다
사랑은 내어주는 것이다

사랑은 양보하는 것이다
사랑은 배려하는 것이다

사랑은 침묵하는 것이다
사랑은 인내하는 것이다

사랑은 마주보는 것이다
사랑은 확인하는 것이다

사랑은 명상하는 것이다
사랑은 떠올리는 것이다

사랑은 비우는 것이다
사랑은 낮추는 것이다

사랑은 손을 잡고 함께 간다
사랑은 마음 합해 뜻 모은다

사랑은 과거를 잊고 용서한다
사랑은 미래를 향해 나아간다

사랑은 타인 중심 생각한다

사랑은 자기 중심 돌아선다

사랑은 빛을 따라 일어난다
사랑은 소금처럼 녹아진다

사랑은 메마른 소설을 쓰지 않는다
사랑은 신선하고 감각 있는 시를 쓴다

– 「사랑은 이것이다」 全文

여기에서 시인은 하나님의 결국인 사랑을, 그의 가슴과 눈물까지 이웃들에게 내어주며 사랑이 얼마나 큰지 사랑이 얼마나 끝이 없는지 힘주어 정의하고 있다. 그렇다. 사랑은 너무 많다. 그 정의가 너무 크고 많아 말로 다 할 수가 없어서 여기 시인은 자기의 창조 본능에 의해 만들어진 이 역설과 주장을 음미하라고 한다.

사랑은 들어주는 것이고 용서하라는 것이다. 그리고는 끝내 빛과 소금으로 자기를 초월하는 사랑의 이데아를 설명한다. 맞는 말이다. 그리고는 이제 문학의 원조인 시의 세계를 향해 비상을 꿈꾸는 나르시스의 얼굴이 되어 시의 호수에서 눈부신 변신을 시도 한다고 한다.

4.

권 시인은 앞부분에서 언급한 것들 외에도 기독정신의 명암을 그린 「십자가의 명암」, 「그가 다 하셨다」, 「임재」, 「사명자의 길」, 「열린 문」, 「믿음 없는 믿음」 등에서 구원의식의 형이상학을 실체화 하려하였다. 그리고 「나를 우울하게 하는 것들」, 「살며시 살포시」, 「사금파리」, 「딱지치기」 등으로 자연인의 일상을 나름의 시점으로 소곤거렸으며 또 「입 다문 술라웨시」 등 세계를 돌며 여로의 감성을 형상화한 작품 등으로 다양한 시점의 시세계를 보여주었다.

그래서 그는 기도하는 시인, 전도하는 목회자, 사랑하는 목자, 가르치는 지성, 그리고 광빨의 눈을 가진 검독수리 오 형제의 첫 손가락, 홍매화와 목련과 라일락의 존재 양식에서 자기의 숨은 사랑을 반추하는 로맨티스트, 그리고 식솔들에겐 따뜻한 실핏줄을 내어주는 휴머니스트임을 이 책으로 유추할 수 있게 하였다. 그러면서 이 고백들에 비유와 상징, 즉 은유와 환유, 그리고 알레고리 등을 사용하며 문학을 문학이게 하는 시의 본령을 향해 열심히 걸어온 것이다.

앞으로 우리는 젊고 창창하며 스스로 찢어진 깃발이 되어 강단을 불 지르던 그를 자주 볼 수 없을지 모른다. 그러기에 이제부터는 목양의 밭에 심기어졌던 연하고 순수했던 언어의 꽃들을, 연륜과 경륜을 더한 그의 사유와 사색으로 본격적인 문학의 마당에서 만나야 하지 않겠는가?

그리해서 오랫동안 영혼 깊숙이 자리했던 그의 열망과 열정이, 치열하고도 심오한 문학정신으로 승화되는 모습을 볼 수 있기를 기대한다. 그리고 세상의 어리석음을 일

깨워주는 빛이 되고 하나님나라의 오묘를 황막한 세상에 펼치게 하는 위대한 수고가 되기를 기원한다. 그리하여 이후, 하나님의 사람으로 존경받고 사랑받으시는 시인 목사님으로, 시작詩作의 쟁기를 스스로 쥔 이 선택이 훌륭한 소명, 아름다운 응답이었음을 증명하시리라 믿는다.

이 도서의 국립중앙도서관 출판예정도서목록(CIP)은 서지정보유통지원시스템 홈페이지(http://seoji.nl.go.kr)와 국가자료종합목록 구축시스템(http://kolis-net.nl.go.kr)에서 이용하실 수 있습니다. (CIP제어번호 : CIP2019050531)

권성묵 시집

말만 들어도 눈물이 난다

초판인쇄일 2019년 12월 10일
초판발행일 2019년 12월 13일

지은이 : 권성묵
발행인 : 김순진
편집장 : 전하라
디자인 : 김초롱
펴낸곳 : 문학공원
등 록 : 2004년 3월 9일 제6-706호
주 소 : 우편번호 03382 서울 은평구 통일로 633
녹번오피스텔 501호 스토리문학사
전 화 : 02-2234-1666
팩 스 : 02-2236-1666
홈페이지 : http://cafe.daum.net/yob51
이메일 : 4615562@hanmail.net